KB262831

NEW TOP JAPANESE

●監修 今井幹夫 ●共著 三木寿々恵・佐藤丈夫・中原理沙・박정희・송미혜

2

신감각 초급 일본어 Top Japanese(1&2)는 한국에서는 처음으로 시사일본어사가 일본 국서간행회, IJ일본어학교와 공동 개발한 일본어 교재입니다. 1995년에 출판된 이후 수많은 독자들의 사랑에 감사의 마음을 담아, 시대 흐름에 맞춰 내용을 수정·보완하여 2003년 New Top Japanese(1&2)를 만들었습니다.

그리고 2006년, 참신하고 톡톡튀는 삽화로 전면적으로 바꾼 또 하나의 새로운 New Top Japanese(1&2)가 태어났습니다.

한국에서 일본어 교육이 시작된 이래, 그 동안 많은 교재들이 선을 보였고 각각 나름대로의 장점과 특징을 갖고 있습니다. 또한 서로 다른 교수법과 이론에 따라 일본에서도 새로운 교재들이 속속 등장하여 한국에도 많이 소개되었습니다. 그럼에도 불구하고, 정작 일선에서 가르치고 있는 한국인 강사 여러분 사이에서는 가르치기 쉽고 배우기 쉬운 교재는 거의 없다는 의견이 끊이지 않았습니다.

일본어 그 자체에 대한 연구라면, 일본인 강사나 연구자가 한국 사람보다 월등할 수 있어도, 외국어 교재의 효능은 그것이 사용되는 나라의 언어·문법 구조나 그 나라 국민의 정서와 밀접한 관계가 있다고 봅니다. 즉, 영어권이나 중국어권의 학습자와 한국의 학습자에게 좋은 교재는 서로 다를 수 있다는 것입니다. 이 점에 주목하여, 우리는 한국어와 한국인의 정서를 살려, 한국에서 일본어를 배우는 한국인 학습자들을 위한 새로운 일본어 교재를 만들기로 했습니다.

외국어를 배우는 목적이 읽고 쓰기에서 듣고 말하기로 비중이 옮겨지고 있고, 국제화·세계화 시대에, 일본어 역시 듣고 말하는 기능이 중요시되고 있습니다. 그러나 처음부터 무턱대고 많은 시간을 들여 회화 학습을 한다고 해서 금방 일본어를 자유자재로 구사할 수 있게 되는 것은 아닙니다. 성인이 된 학습자들이 외국어인 일본어를 배우는 것이므로 먼저 일본어의 기본적인 틀과 사용법칙을 익히는 것이 효과적이고 합리적입니다. 그 후에 각자의 필요와 목적에 맞는 학습을 해 나가면 궁극적인 목표인 듣기와 말하기도 자기 것이 될 수 있습니다.

이 교재는 강의를 전제로 일본어의 기본 문법과 문형을 난이도 순으로 배열하고, 강사 여러분의 적극적이고 창의적인 지도에 따라 일본어의 기본틀과 사용방법이 학습자들에게 잘 전수될 수 있도록 궁리했습니다.

또한 New Top Japanese(1&2)에서는 가르치기 쉬운 교재를 만들기 위해 현장의 목소리와 강사 여러분의 의견을 듣고 종합하여,

① 1 · 2권의 과 구성과 문법 배열을 재조정하면서
② 시대에 뒤떨어지는 단어나 표현은 과감히 없애고 신감각의 표현으로
   수정하였습니다.
③ 배우기 쉬운 교재가 되기 위해서 재미있으면서도 현실감 있는 토픽의
   짧은 본문에
④ 올컬러 삽화를 곁들여 이해를 높였으며
⑤ 등장인물들이 일상 생활과 밀접한 대화를 이끌어가므로 자연스러운 회
   화를 습득할 수 있습니다.

Top Japanese(1&2)가 가르치기 쉽고 배우기 쉬운 교재로 거듭날 수 있도록 꼼꼼히 수정해 주신 나카하라 리사(中原理沙) 선생님께 깊은 감사를 드리며, 저희 저자들은 이 New Top Japanese(1&2)를 여러분의 관심어린 충고와 가르침을 받아 앞으로도 계속 좋은 교재로 수정 · 보완해 나가겠습니다.

저자 씀

구성

1 1권은 26과, 2권은 25과로 되어 있다.

2 1시간 수업을 1회로 삼았을 때, 1·2권 각 40회(2개월 코스) 또는 60회(3개월 코스)의 수업을 할 수 있다.

3 교재의 맨 앞 부분에 실려 있는 〈인사말〉과 〈수업할 때 쓰는 말〉은 학습자가 문법에 관계없이 외워서 강사의 말을 알아들을 수 있도록 지도한다.

4 일본어의 발음과 문자·히라가나·가타카나 익히기를 1권의 제 1·2과로 실었다. 1권의 내용은 발음과 쓰기에서 시작하여 형용사, 형용동사(ナ형용사), 동사, 조동사 등의 기본 활용과 표현(과거형·음편형 포함), 수사, 존재, 권유, 의향, 희망, 의견, 보통체(plain form)의 활용, 허가, 잘하고 못함 등의 표현이다.

5 2권에서는 1권의 내용을 토대로 추측, 경험, 이유, 양태, 가능, 전문, 수수, 피동, 사동, 경어 표현 등으로 구성되어 있다.

각 과의 구성

1 1권의 제 1·2과는 발음과 글자 쓰기를 연습할 수 있도록 구성되어 있다.

2 1권의 제 3과 이후부터 2권의 25과까지의 구성은 다음과 같다.

① **Key Expression** 각 과의 중요 문법사항과 문형 제시

② **본문** 각 과 문법사항과 문형을 중심으로 초급 일본어의 필수 어휘를 사용하여 15~20행 미만으로 구성

③ **Language Focus** (드릴, 관련 어휘) 강사가 자유롭게 활동할 수 있도록 문법 설명은 생략하고 예문과 관련 어휘를 제시

④ **Training** (연습문제) 그림을 사용한 문제를 많이 수록함

⑤ **Kotoba Bank** (단어·어구 풀이) 새로 나온 단어의 뜻풀이

⑥ **Japanese Box** 수업 중에 다룰 필요는 없고 학습자가 혼자서 읽어도 되는 내용

차례

머리말

New Top Japanese(1&2)의 구성

수업할 때 쓰는 말

등장 인물

1 成功すると　思いますよ。___ 10

2 失敗した　ことは　ありませんか。___ 18

3 昼寝を　したり　テレビを　見たり　します。___ 26

4 おいしそうですね。___ 34

5 広いし、日当たりも　いいし、静かです。___ 42

6 チェーさんに　会ったら、よろしく　伝えて　ください。___ 50

7 練習すれば　すぐ　できると　思います。___ 58

8 材料は　買って　あるんですが。___ 66

9 病院へ　行かなければ　なりません。___ 74

10 安く　買うなら、秋葉原に　行った　ほうが　いいです。___ 82

11 お金を　入れると　水が　出ます。___ 90

12 時間が　ありませんから、短くして　ください。___ 98

13 二人は　同い年だそうです。___ 106

복습문제 1과~13과 ___ 114

14 今　ちょうど　帰る　ところです。___ 118

15 キムチチゲなら　作れます。___ 128

16 日本の　歴史を　研究しようと　思って　います。___ 136

17 通訳で　行く　ことに　なったんです。___ 144

18 毎日　料理も　作って　くれるんです。___ 152

19 気を　つけて　いたのに　すべって　しまったんです。___ 160

20 今週も　忙しく　なりそうです。___ 166

21 古い　家具を　さしあげます。___ 174

22 部長に　呼ばれて、部長室へ　行って　きました。___ 184

23 娘を　留学させる　つもりです。___ 192

24 毎日　コピーばかり　させられるんです。___ 200

25 何時ごろ　お戻りに　なりますか。___ 208

활용형의 정리 ___ 216

복습문제 14과~25과 ___ 220

색인 ___ 223

1 では、はじめましょう。
데 와　하지메마마　쇼－

1 자, (수업을) 시작합시다.

2 ～さん、よんで　ください。
상　욘 데　구 다 사 이
こたえて
고 타 에 떼

2 ～씨, 읽어　주세요.
대답해

3 もう　いちど　よんで　ください。
모－　이 치 도　욘 데　구 다 사 이
いって
잇 떼

3 다시 한 번　읽어　주세요.
말해

4 よく　できました。
요 꾸　데 키 마 시 타

4 잘 하셨습니다.

5 みなさん、わかりましたか。
미 나 상　와 까 리 마 시 타 까

5 여러분, 아셨습니까?

→ はい、わかりました。
하 이　와 까 리 마 시 타

→ 네, 알겠습니다.

→ いいえ、よく　わかりません。
이－에　요 꾸　와 까 리 마 셍

→ 아니요, 잘 모르겠습니다.

6 きょうは　ここまで。
쿄－　와　고 꼬 마 데

6 오늘은 여기까지.

＊ ん은 발음에 가깝게 표기하였음.

등장 인물

キム
（会社員）
木村
（会社員）
パク
（主婦）
イー
（大学生 [留学生]）
佐藤
（大学生）
ハン
（大学新入生 [留学生]）
高橋
（会社員）
田中
（大学の日本語の先生）
鈴木
（会社の社長）

成功すると
せい こう
思いますよ。
おも

CD2

キム　一日中　雨ですね。明日も　雨でしょうか。
　　　　　　　　　　　　　　あした

木村　いいえ、明日は　晴れると　思いますよ。
　　　　　　　　　　　　は

キム　明日、山登りに　行くんですか。
　　　　　　やまのぼ

木村　ええ、行きます。

キム　ところで、今度の
　　　契約は　どうなるで
　　　けいやく
　　　しょうか。

木村　あ、契約は　成功す
　　　　　　　　せいこう
　　　ると　思いますよ。
　　　　　おも

キム　そうですか。

木村　ただ、いろいろ　調べて、準備する　時間が　あまり　ない
んです。

キム　そうですか。それじゃ、来週は　残業でしょうね。

木村　たぶん　そう　なると　思います。

キム　すると、来週の　韓国語の　勉強は　だめかも　しれませんね。

木村　たぶん　火曜と　木曜の　授業は　無理だと　思います。

キム　わかりました。それじゃ、来週の　授業は　キャンセルしま
しょう。

木村　そうですね。でも、再来週からは　大丈夫だと　思います。

キム　明日、私も　山に　行くかも　しれません。

お弁当の　ほかに、何か、持って　いく　ものが　ありますか。

木村　いいえ、何も　ありません。

Language Focus

1

A 明日も　雨でしょうか。

B いいえ、明日は　晴れると　思います。

① A 彼は　すぐ　来るでしょうか。

　 B ええ、すぐ　来ると　思います。

② A 今、家に　いるでしょうか。

　 B ええ、たぶん　家に　いると　思います。

③ A 外は　寒いでしょうか。

　 B ええ、寒いと　思います。

④ A その　仕事は　たいへんでしょうか。

　 B いいえ、楽だと　思います。

⑤ A あの　人が　イーさんでしょうか。

　 B ええ、たぶん　イーさんだと　思います。

2

来週は　残業でしょうね。

① もう　すぐ　始まるでしょうね。

② この　シャツ、弟には　少し　小さいでしょうね。

③ 二人は　幸せでしょうね。

④ 彼女は　金持ちでしょうね。

3　私も　行くかも　しれません。

① 明日は　雨が　降る**かも**　しれません。

② 彼は　今　忙しい**かも**　しれません。

③ 交通が　少し　不便**かも**　しれません。

④ 木村さんからの　電話**かも**　しれません。

Training

1 보기와 같이 두 문장을 한 문장으로 만들어 보자.

> **보기**　明日は　晴れます。そう　思います。
>
> ▶ <u>明日は　晴れると　思います。</u>

① 彼女は　りんごが　大好きです。そう　思います。

▶ ______________________________________

② この　ダイヤは　とても　高いです。そう　思います。

▶ ______________________________________

③ 彼も　来ます。そう　思います。

▶ ______________________________________

④ 今日は　イーさんの　誕生日です。そう　思います。

▶ ______________________________________

2 ______에 알맞은 말을 써 넣어 보자.

① A 佐藤さんも　来るでしょうか。

B ええ、たぶん__________と　思います。

② 今は　晴れて　いますが、午後は　雨が________かも
しれません。

③ A 北海道は　今　寒いでしょうか。

　 B そうですね。＿＿＿＿＿＿かも　しれませんね。

④ A テレホンカード、ありますか。

　 B ええ、＿＿＿＿＿＿かも　しれません。ちょっと　待って　ください。

⑤ A いくらぐらい　かかるでしょうか。

　 B そうですね。たぶん　5万円ぐらい＿＿＿＿＿と　思います。

3 짧은글짓기

① 내일 시험은 잘 못 볼(だめだ)지도 모릅니다.

　▶ ____

② 곧 날이 갤까요?

　▶ ____

③ 네, 곧 갤 거라고 생각합니다.

　▶ ____

Kotoba Bank

せいこう(成功)する 성공하다	～かも　しれません ～일지도 모릅니다, ～할지도 모릅니다
～と ～라고	
おも(思)う 생각하다	おべんとう(お弁当) 도시락
～と　思います ～(ㄹ) 거라고 생각합니다	もって　いく(持って　いく) 가져 가다
は(晴)れる 날이 개다, 맑아지다	かれ(彼) 그
～でしょうか ～일까요, ～까요	らく(楽)だ 편안하다, 편하다
やまのぼ(山登)り 등산	シャツ(shirt) 셔츠
けいやく(契約) 계약	しあわ(幸)せだ 행복하다
ただ 단지, 그저	かのじょ(彼女) 그녀
しら(調)べる 조사하다	かねも(金持)ち 부자
じゅんび(準備)する 준비하다	ふべん(不便)だ 불편하다
すると 그렇다면	ダイヤ 다이아몬드 ▶ ダイヤモンド (diamond)의 준말
たぶん 아마	
だめだ 소용없다, 못하다	テレホンカード(telephone card) 공중 전화 카드
むり(無理)だ 무리이다	
キャンセル(cancel) 캔슬, 취소	

Japanese Box

날 씨

晴^はれる 맑다

曇^{くも}る 흐리다

天気^{てんき} 날씨・일기

天気予報^{てんきよほう} 일기예보

空^{そら} 하늘

空気^{くうき} 공기

大気^{たいき} 대기

虹^{にじ} 무지개

雪^{ゆき} 눈

雨^{あめ} 비

霧^{きり} 안개

露^{つゆ} 이슬

風^{かぜ} 바람

雨^{あめ}が 降^ふる 비가 오다

雪^{ゆき}が 降^ふる 눈이 오다

地震^{じしん} 지진

稲妻^{いなづま}／雷^{かみなり} 번개/천둥

風^{かぜ}が 吹^ふく 바람이 불다

洪水^{こうずい} 홍수

Lesson 2

失敗した ことは ありません か。

CD3

キム　佐藤さんは　どうして　韓国へ　来たんですか。

佐藤　韓国語を　習いに　来たんです。

キム　そうですか。韓国での　生活は　どうですか。

佐藤　楽しいですよ。

キム　何か、失敗した　ことは　ありませんか。

佐藤　たくさん　ありますよ。

キム　韓国料理は　口に　合いますか。

佐藤　ええ。でも、キムチは　辛くて　あまり　好きじゃ　ありません。

キム　サムゲタンは　食べた　ことが　ありますか。

佐藤　いいえ、まだ　ありません。サムゲタンって、何ですか。

キム　鳥肉の　料理です。高麗人参や　にんにくや　もち米などを
　　　とりにく　　　　　こうらいにんじん　　　　　　　　　　ごめ
　　　入れて　作るんです。

佐藤　そうですか。一度　食べて　みたいですね。

キム　韓国で　旅行を　しましたか。

佐藤　ええ、もちろんです。済州島へも　行った　ことが　あります。
　　　　　　　　　　　　　チェジュド

キム　済州島へも　行った　ことが　あるんですか。私は　まだです。

佐藤　そうですか。日本へは　行った　ことが　ありますか。

キム　ええ。一度　研修に　行った　ことが　あります。
　　　　　　　けんしゅう

佐藤　東京へ　行ったんですか。

キム　ええ、そうです。

佐藤　成田空港から　東京までは　電車で　行ったんですか。
　　　なりたくうこう

キム　いいえ、電車に　乗らないで、リムジンバスに　乗って

　　　行きました。

Language Focus

1

A 日本へ　行った　ことが　ありますか。

B はい、（行った　ことが）　あります。

B′ いいえ、（行った　ことが）　ありません。

① 今まで　こんなに　すばらしい　絵を　見た　ことが
ありません。

② 私は　一度も　欠席した　ことが　ありません。

③ A 彼を　知って　いますか。

　 B ええ、前に　一度　会った　ことが　あります。

④ A キムチを　食べた　ことが　ありますか。

　 B いいえ、まだ　ありません。

2

A サムゲタンは　食べた　ことが　ありますか。

B サムゲタンって、何ですか。

① A カルビを　食べた　ことが　ありますか。

　 B カルビって、**何ですか。**

② A お寿司は　いかがですか。

　 B お寿司って、**何ですか。**

③ A 宅急便で　送って　ください。

　 B 宅急便って、**何ですか。**

④ A コンビニは　24時間　開いて　います。

　 B コンビニって、**何ですか**。

3　高麗人参を　入れて　作るんです。

① バスに　乗って　行きました。

② カセットテープを　聞いて、勉強しました。

③ ニュースを　聞いて、わかりました。

4　電車に　乗らないで　リムジンバスに　乗りました。

① ノックを　**しないで**　ドアを　開けては　いけません。

② 何も　**言わないで**　話を　聞いて　います。

③ 今日は　どこへも　**行かないで**　家に　いました。

5 キムチは　辛くて　好きじゃ　ありません。

① 頭が　痛くて　薬を　飲みました。

② 寒くて　窓を　閉めました。

③ 高くて　買いませんでした。

Training

1　(　) 안의 동사를 알맞은 형태로 고쳐 보자.

① ノックを＿＿＿＿＿＿＿ドアを　開けては　いけません。
　　　　　　（する）

② 手を＿＿＿＿＿＿＿ご飯を　食べては　いけません。
　　　　（洗う）

③ コーヒーを＿＿＿＿＿＿＿紅茶を　飲みました。
　　　　　　（飲む）

④ タクシーに＿＿＿＿＿＿＿電車で　行きましょう。
　　　　　　（乗る）

2　다음 물음에 대답해 보고, 옆 사람에게도 질문해 보자.

① 日本の　映画を　見た　ことが　ありますか。

　▶ ＿＿＿＿＿＿＿＿＿＿＿＿＿＿＿

② アメリカへ　行った　ことが　ありますか。

　▶ ＿＿＿＿＿＿＿＿＿＿＿＿＿＿＿

③ お寿司を　食べた　ことが　ありますか。

　▶ ＿＿＿＿＿＿＿＿＿＿＿＿＿＿＿

3 짧은글짓기

① 「そば」가 무엇입니까?

 ____________________________________

② 부산에 간 적이 있습니까?

 ____________________________________

③ 김치를 한 번도 먹은 적이 없습니다.

▶ ____________________________________

Kotoba Bank

しっぱい(失敗)する 실패하다, 실수하다	けっせき(欠席) 결석
(〜た)こと (〜한) 적	カルビ 갈비
せいかつ(生活) 생활	おすし(お寿司) 초밥 ▶ お는 말을 꾸미는
りょうり(料理) 요리	접두어
くち(口)に あ(合)う 입에 맞다	たっきゅうびん(宅急便) 문전 배달 서비스
から(辛)い 맵다	おく(送)る 보내다
サムゲタン 삼계탕	コンビニ 편의점 ▶ コンビニエンス・ストア
〜って 〜이란, 〜이란 게	(convenience store) 의 준말
とりにく(鳥肉) 닭고기	あ(開)く 열리다, 영업하다
こうらいにんじん(高麗人参) 인삼	カセットテープ(cassette tape) 카세트
にんにく 마늘	테이프
もちごめ(もち米) 찹쌀	ノック(knock) 노크
けんしゅう(研修) 연수	あ(開)ける 열다
なりたくうこう(成田空港) 나리타 공항	くすり(薬) 약
▶ 일본의 신 도쿄 국제공항	まど(窓) 창문
リムジンバス(limousine bus) 리무진 버스	し(閉)める 닫다

昼寝を　したり
テレビを　見たり　します。

ひるね

CD4

木村　一週間は　速いですね。

高橋　そうですね。あっというまに　過ぎますね。
す

木村　日曜日は　いつも　どんな　ことを　して　いるんですか。

高橋　朝、食事を　してから　洗濯を　したり、掃除を　したり
します。また、食料品を　買いに　スーパーへ　行った
しょくりょうひん
り、料理を　作ったり…　日曜日は　とても　忙しいです。

木村　ご主人も　家事を　手伝うんですか。
かじ

高橋　いいえ、主人は　昼寝を　したり、テレビを　見たり　して
ひるね
一日中　家で　ごろごろして　います。

木村　仕事を　しながら　家事を　するのは、大変じゃ　ありませ
　　　　　　　　　　　　　　　　　　　　　たいへん
　　んか。

高橋　ええ、とても　大変です。木村さんは　独身で　いいですね。
　　　　　　　　　　　　　　　　　　　　　どくしん

木村　楽な　ときも　ありますが、寂しい　ときも　ありますよ。
　　　らく　　　　　　　　　　　さび

木村　これから　すぐ　帰るんですか。

高橋　いいえ。ちょっと　本屋へ　寄って、本を　買って　帰りま
　　　　　　　　　　　　　　　よ
　　す。木村さんは？

木村　私は　友達に　会って、映画を　見て　帰ります。

　　　じゃ、また　来週。

高橋　お疲れさまでした。

Language Focus

1　本屋へ　寄って、本を　買って　帰ります。

① A　これから　すぐ　帰るんですか。

　　B　いいえ、友達に　会って、映画を　見て　帰ります。

② テレビを　見て、勉強を　して　寝ました。

③ 洗濯を　して、掃除を　して、買い物に　行きました。

2　主人は　昼寝を　したり、テレビを　見たり　します。

① 日曜日は　洗濯を　したり、掃除を　したり、買い物に　行ったり　します。

② 暇な　時は　本を　読んだり、手紙を　書いたり　します。

③ A　週末は　たいてい　何を　しますか。

　　B　週末は　友達に　会ったり、映画を　見たり、買い物　を　したり　します。

3　木村さんは　独身で　いいですね。

① 風邪で　会社を　休みました。

② 今日は　朝から　雨で　山登りには　行きませんでした。

③ 交通事故で　入院しました。

4　食事を　してから　洗濯を　します。

① 学校が　終わってから　アルバイトに　行きます。

② よく　聞いてから　答えを　書いて　ください。

③ ベルが　鳴る　前に　外に　出ては　いけません。

　　ベルが　鳴ってから　出て　ください。

＊　デパートへ　行ってから　買い物を　しました。(×)

　　カレーフイスを　作ってから　食べました。(×)

　　電車に　乗ってから　行きました。(×)

Training

1 그림을 보고 다음 물음에 답해 보자.

① A これから　何を　しますか。

B ___________________________

② A 日曜日には　何を　しますか。

B ___________________________

③ A 週末には　たいてい　何を　しますか。

B ___________________________

2 「～てから」を 使用하여 문장을 완성해 보자.

① みんな＿＿＿＿＿＿＿＿乗って　ください。
　　　　　（降りる）

② この　薬は　食事を＿＿＿＿＿＿＿飲んで　ください。
　　　　　　　　　　　（する）

③ 私は　いつも　手を＿＿＿＿＿＿＿ご飯を　食べます。
　　　　　　　　　　（洗う）

3 좌우를 연결하여 문장을 완성해 보자.

① 食べすぎで　　　・　　　　　・ⓐ おなかが　痛いです。

② 風邪で　　　　　・　　　　　・ⓑ 日本へ　行くんです。

③ 仕事で　　　　　・　　　　　・ⓒ 学校を　休みました。

4 짧은글짓기

① 일요일에는 친구와 도서관에 가기도 하고 쇼핑을 하기도 합니다.

▶ ____

② 저녁밥을 먹고 나서 1시간 정도 음악을 듣습니다.

▶ ____

③ 신발을 벗고 방으로 들어가십시오.

▶ ____

Kotoba Bank

ひるね(昼寝)を　する 낮잠을 자다	さび(寂)しい 외롭다, 쓸쓸하다
～たり ~하기도 하고	よ(寄)る 들르다
はや(速)い 빠르다	おつか(お疲)れさまでした
あっというま(間)に 눈 깜짝할 사이에	수고하셨습니다
す(過)ぎる 지나다	じこ(事故) 사고
しょくりょうひん(食料品) 식료품	にゅういん(入院)する 입원하다
かじ(家事) 집안일	こた(答)え 답
ごろごろする 빈둥거리다	ベル(bell) 벨, 종
どくしん(独身) 독신	な(鳴)る 울리다

おいしそうですね。

CD5

田中　鈴木さん、こちらです。

鈴木　あ、田中さん。おひさしぶりです。

田中　元気そうですね。いつ　退院したんですか。
　　　　　　　　　　　　たいいん

鈴木　一週間前です。

田中　もう　大丈夫なんですか。

鈴木　ええ、おかげさまで、もう　すっかり　治りました。
　　　　　　　　　　　　　　　　　　なお

田中　事故は　災難でしたが、治って　よかったですね。
　　　　　さいなん

鈴木　ありがとうございます。

鈴木　この　店は　雰囲気が　いいですね。値段は　高そうですが。

田中　今日は　鈴木さんの　退院祝いに、私が　ごちそうします。

鈴木　本当ですか。じゃ、遠慮なく。

田中　ここは　ステーキと　サラダが　けっこう　おいしいですよ。

　　　じゃ、さっそく　注文しましょうか。

鈴木　おいしそうですね。いただきます。

田中　味は　どうですか。サラダは　おいしそうですけど、

　　　ステーキは　少し　固そうですね。

鈴木　いいえ、全然　固く　ありません。柔らかくて　おいしいです。

田中　そうですか。

鈴木　どうぞ、ワインばかり　飲んで　いないで、田中さんも

　　　食べて　みて　ください。

Language Focus

1　おいしそうですね。

① 寒そうですね。

　　熱い　お茶でも　入れましょうか。

② ここの　洋服は　ずいぶん　高そうですね。

③ こちらの　ほうが　もっと　よさそうですね。

④ 全然　関心が　なさそうです。

⑤ パクさんは　あまり　楽しく　なさそうですね。

2　元気そうですね。

① この　椅子は　楽そうですね。

② この　かばん、丈夫そうですね。

③ あの　二人は　いつも　幸せそうですね。

④ この　問題は　あまり　簡単じゃ　なさそうです。

3 治って　よかったですね。

① こんな　時に　いい　友達が　いて　よかったですね。

② 試験に　受かって　よかったですね。

③ 給料が　上がって　よかったですね。

4 サラダは　おいしそうですけど、ステーキは　固そうです。

① 私も　行きたいけど、明日は　約束が　あるんです。

② 勉強は　したけど、テストは　難しかったです。

③ ピアノは　上手ですけど、歌は　あまり　上手じゃ　あ
りません。

＊ これ　ちょっと　重いですけど、一人で　大丈夫ですか。

Training

1 그림을 보고 보기와 같이 「そうだ」를 사용하여 문장을 완성해 보자.

보기  <u>暑そうです</u>ね。窓を　開けましょうか。(暑い)

①  この　料理は　あまり
＿＿＿＿＿＿＿＿＿＿＿＿ね。(おいしい)

②  こちらの　ほうが　もっと
＿＿＿＿＿＿＿＿＿＿＿＿ね。(いい)

③  この　店の　果物は　とても
＿＿＿＿＿＿＿＿＿＿＿＿ね。(新鮮だ)

④  こちらの　椅子は　あまり
＿＿＿＿＿＿＿＿＿＿＿＿ね。(楽だ)

⑤  あの　人は　いつも
＿＿＿＿＿＿＿＿＿＿＿＿ね。(幸せだ)

2 좌우를 연결하여 문장을 완성해 보자.

① 果物は
　好きですけど　　　　　・

② 買い物に
　行くんですけど　　　　・

③ この　パンは
　固そうですけど　　　　・

④ これ、私が　作った　　・
　ケーキなんですけど

・ⓐ ステーキは
　　柔らかそうですね。

・ⓑ キムさんも　いっしょに
　　どうですか。

・ⓒ 食べて　みて
　　ください。

・ⓓ 野菜は
　　ちょっと…。

3 짧은글짓기

① 오늘은 쓸쓸해 보이는군요. 같이 음악이라도 듣지 않겠
　어요?

▶ ________________________________

② 저 가게는 좀 비쌀 것 같지만, 분위기는 좋을 것 같아요.

▶ ________________________________

③ 계약이 성사되어 잘됐군요.

▶ ________________________________

Kotoba Bank

〜そうだ 〜것 같다, 〜해 보이다	あじ(味) 맛
たいいん(退院)する 퇴원하다	かた(固)い 단단하다
すっかり 완전히	ぜんぜん(全然) 전혀
なお(治)る (병이) 낫다	やわ(柔)らかい 부드럽다
さいなん(災難) 재난	ワイン(wine) 와인
ふんいき(雰囲気) 분위기	〜ばかり 〜만
ねだん(値段) 값	おちゃ(お茶)を い(入)れる 차를 끓이다
いわ(祝)い ① 축하 ② 축하 선물	かんしん(関心) 관심
ごちそうする 한턱 내다, 대접하다	じょうぶ(丈夫)だ 튼튼하다
ほんとう(本当)ですか 정말입니까?	もんだい(問題) 문제
えんりょ(遠慮)なく 사양 않고(먹겠습니	こんな 이런
다, 받겠습니다)	う(受)かる (시험에) 붙다
ステーキ(steak) 스테이크	きゅうりょう(給料) 봉급, 급여
サラダ(salad) 샐러드	あ(上)がる 오르다
けっこう(結構) 그런대로, 제법	おも(重)い 무겁다
さっそく 빨리, 곧, 즉시	ケーキ(cake) 케이크
ちゅうもん(注文)する 주문하다	

몸의 여러 부분

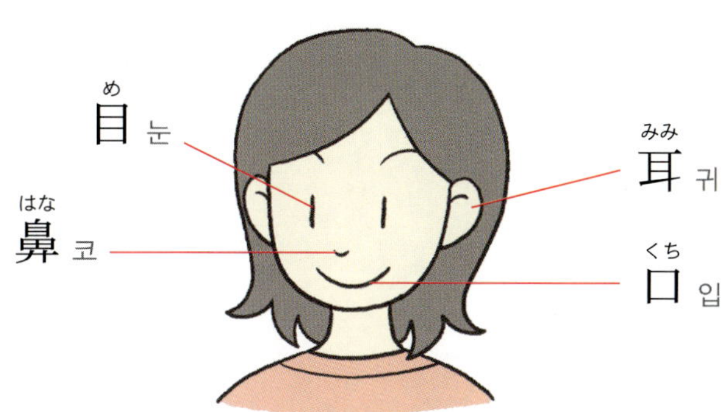

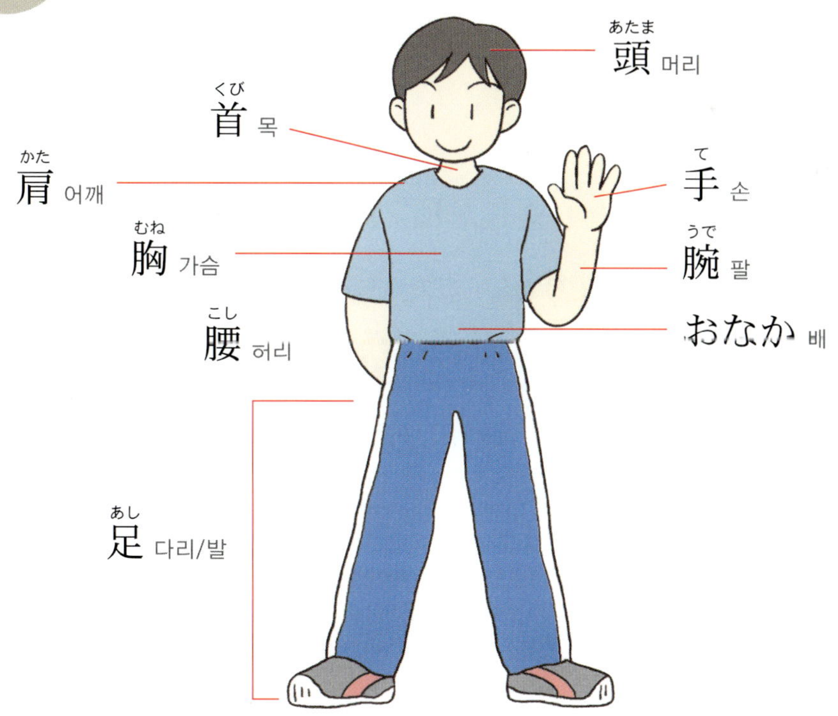

かお
顔 얼굴

め
目 눈

みみ
耳 귀

はな
鼻 코

くち
口 입

からだ
体 몸

あたま
頭 머리

くび
首 목

て
手 손

かた
肩 어깨

むね
胸 가슴

うで
腕 팔

こし
腰 허리

おなか 배

あし
足 다리/발

広いし、日当たりも
いいし、静かです。

CD6 高橋さんへ。

だいぶ　暖かく　なりましたね。田舎から　帰って　いると　思っ
て、訪ねて　きたんですが、まだですね。

お誕生日、おめでとうございます。

お祝いに、CDを　一枚　買いました。CDは、管理人に　預けます。

私は　この　前の　日曜日に　引っ越しました。

新しい　アパートは、会社から　歩いて　10分ぐらいの　所です。

前の　アパートは　会社から　遠かったので、時々　遅刻を　しま
したが、これからは　遅刻の　心配は　ありません。

新しい　アパートは、前のより　広いし、日当たりも　いいし、

静かです。

また、大家さんも　親切だし、近くに　大きい　スーパーも　ある

ので、とても　住みやすいです。でも、家賃が　10万円も　します。

一度　ぜひ　遊びに　来て　ください。

新しい　電話番号は　3601の　1304です。

お電話ください。待って　います。

あ、きのう、鈴木さんの　お見舞いに　行って　きたんですが、

前より　だいぶ　よく　なって　いました。顔色も　いいし、ご飯

も　よく　食べるし、元気そうでした。

退院の　前に　一度　いっしょに　お見舞いに　行きませんか。

3月　11日
キム　ミラ

Language Focus

1 前は　会社から　遠かった**ので**、時々　遅刻しました。

① 雨が　降るかも　しれない**ので**、傘を　持って　きました。

② 薬を　飲んだ**ので**、すぐ　治りました。

③ 食欲が　ない**ので**、あまり　食べたく　ありません。

④ 映画が　おもしろく　なかった**ので**、途中で　出ました。

⑤ この　喫茶店は　静かな**ので**、よく　来ます。

⑥ 明日、試験な**ので**、今日は　夜　遅くまで　勉強します。

2 顔色も　いい**し**、ご飯も　よく　食べる**し**、元気そうでした。

① 今日は　日曜日だ**し**、いい　天気なので、大掃除を　しました。

② 昇進も　した**し**、給料も　上がったので、大満足です。

③ おいしかった**し**、おなかも　すいて　いたので、たくさん　食べました。

④ 新しい　アパートは　日当たりも　いい**し**、静かだ**し**、近くに　大きい　スーパーも　あります。

3 だいぶ　暖かく　なりましたね。

① 前より　だいぶ　**よく**　なって　いました。

② はじめは　易しかったんですが、だんだん　難しく　**な
りました**。

③ 朝晩　寒く　**なりました**。もう　すぐ　雪の　季節ですね。

④ おなかが　痛く　**なりました**。

4 家の　近くに　大きい　スーパーが　あるので、とても
住み**やすい**です。

① この　本は　字が　大きいので　読み**やすい**です。

② この　地図は　とても　わかり**やすい**です。

③ この　薬は　甘いので、子供でも　飲み**やすい**です。

Training

1 「ので」를 사용하여 두 문장을 한 문장으로 만들어 보자.

① 食欲が　ありません。朝ご飯を　食べませんでした。

▶ ____

② 寒かったです。窓を　閉めました。

▶ ____

③ 高く　ありませんでした。買いました。

▶ ____

④ 私は　歌が　下手です。歌いたく　ありません。

▶ ____

⑤ お客さんが　来ます。迎えに　行かなければ　なりません。

▶ ____

2 그림을 보고 (　) 안의 단어를 알맞은 형태로 고쳐 보자.

①  ______________なりました。
　　　　　　　　　　　　　　　　　　(寒い)

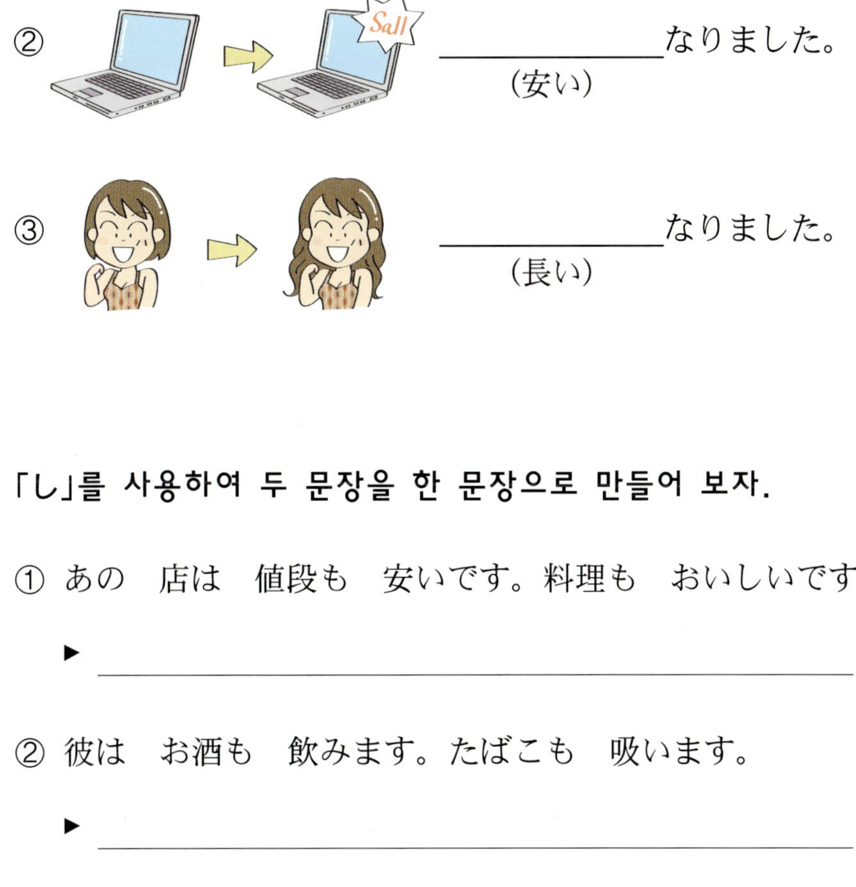

② ＿＿＿＿＿＿＿＿＿なりました。
　（安い）

③ ＿＿＿＿＿＿＿＿＿なりました。
　（長い）

3 「し」를 사용하여 두 문장을 한 문장으로 만들어 보자.

① あの　店は　値段も　安いです。料理も　おいしいです。

▶ ＿＿＿＿＿＿＿＿＿＿＿＿＿＿＿＿＿＿＿＿＿

② 彼は　お酒も　飲みます。たばこも　吸います。

▶ ＿＿＿＿＿＿＿＿＿＿＿＿＿＿＿＿＿＿＿＿＿

③ 彼女は　顔も　きれいです。頭も　いいです。
　歌も　上手です。

▶ ＿＿＿＿＿＿＿＿＿＿＿＿＿＿＿＿＿＿＿＿＿

4 짧은글짓기

① 어제는 머리도 아팠고, 비도 내렸기 때문에 아무데도 가지
않았습니다.

▶ _______________________

② 그녀는 예쁘고, 상냥하고, 요리도 잘 해서 인기가 있습니다.

▶ _______________________

③ 이 볼펜은 아주 잘 써집니다(아주 쓰기 쉽습니다).

▶ _______________________

〜し、〜し ~하고, ~하고	おおや(大家)さん 집주인
ひあ(日当)たり 햇빛이 비치는 정도, 채광	〜やすい ~기 쉽다, ~기 좋다
だいぶ 상당히, 꽤, 제법	やちん(家賃) 집세
あたた(暖)かい 따뜻하다	〜も ~이나
たず(訪)ねる 방문하다	おみま(お見舞)い 병문안
たず(訪)ねて くる 찾아오다	い(行)って くる 갔다 오다, 다녀오다
おたんじょうび(お誕生日) 생일, 생신	しょくよく(食欲) 식욕
おめでとうございます 축하합니다	きっさてん(喫茶店) 다방
おいわい(お祝い) 축하, 축하 선물	おおそうじ(大掃除) 대청소
かんりにん(管理人) 관리인	しょうしん(昇進) 승진
あず(預)ける 맡기다	だいまんぞく(大満足)だ 아주 만족스럽다
この まえ(前) 요전, 얼마 전	やさ(易)しい 쉽다
ひ(引)っこ(越)す 이사하다	だんだん 점차, 차츰
アパート(apartment) 아파트	あさばん(朝晩) 아침 저녁
ときどき(時々) 가끔	ゆき(雪) 눈
ちこく(遅刻) 지각	きせつ(季節) 계절

チェーさんに 会ったら、よろしく 伝えて ください。
つた

Key Expression
❶ 卒業式が 終わったら 帰ります。
❷ 帰国の 準備で 忙しいでしょう。

CD7

田中 イーさん、韓国へは　いつ　帰るんですか。

イー 卒業式が　終わったら　帰ります。
　　　そつぎょうしき

田中 帰国の　準備で　忙しいでしょう。
　　　きこく

イー ええ。大変です。

田中 寂しく　なりますね。また　遊びに　来て　ください。

イー ええ。先生には　いろいろ　お世話に　なりました。
　　　　　　　　　　　　　　　　せわ
　　　本当に　ありがとうございます。

田中 国へ　帰ったら　就職するんですか。
　　　　　　　　　　しゅうしょく

イー　まだ　わかりませんが、たぶん　父の　仕事を　手伝うと

　　　思います。

　　　父は　小さい　貿易会社を　経営して　いるんです。
　　　　　　　　　（ぼうえきがいしゃ）（けいえい）

田中　そうですか。去年　帰った　先輩の　チェーさんは　何を
　　　　　　　　　　　　　　　　（せんぱい）

　　　して　いるんですか。

イー　今、建設会社に　勤めて　いると　聞きましたが。
　　　　（けんせつがいしゃ）

田中　そうですか。会いたいですね。

　　　チェーさんに　会ったら　よろしく　伝えて　ください。
　　　　　　　　　　　　　　　　　　　（つた）

イー　ええ、わかりました。

　　　先生、いつか　ソウルに　遊びに　来ませんか。

田中　そうですね。ぜひ　一度　行って　みたいですね。

イー　落ち着いたら　手紙を　書きます。それじゃ、今日は。
　　　（お）（つ）

田中　じゃ、また。

イー　さようなら。

Language Focus

1 卒業式が　終わっ**たら**　帰ります。

① 向こうに　着い**たら**　電話して　ください。

② A 卒業し**たら**　どうするんですか。
　 B 大学院に　進みます。

③ チェーさんに　会っ**たら**　よろしく　伝えて　ください。

④ おなかが　すい**たら**　サンドイッチでも　食べて　ください。

⑤ 読んで　みて、おもしろかっ**たら**　貸して　ください。

⑥ 暇だっ**たら**　遊びに　きて　ください。

⑦ 明日　雨だっ**たら**　どうしましょうか。

2 帰国の　準備で　忙しいでしょう。

① A 明日　帰るでしょう。
　 B ええ。
　 A 皆さまに　よろしく。

② A キムさんは　この　小説、もう　読んだでしょう。
　 B ええ。
　 A おもしろいですか。
　 B ええ、とても　おもしろいですよ。

③ A 寒いでしょう。

B はい、少し。

A 窓を　閉めましょうか。

B お願いします。

④ おいしかったでしょう。この　次に　また　来ましょう。

⑤ あの　人が　高橋さんです。きれいでしょう。

⑥ 受験勉強で　大変だったでしょう。これから　何が
一番　したいですか。

⑦ これは　木村さんの　車でしょう。すてきですね。

⑧ A きのうは　休みだったでしょう。

B ええ、毎週　水曜日は　休みなんです。

1 「たら」를 사용하여 두 문장을 한 문장으로 만들어 보자.

① 田中先生に　会う。よろしく　伝えて　ください。

　　▶ ______________________________________

② 疲れる。休んで　ください。

　　▶ ______________________________________

③ おいしい。もっと　食べて　ください。

　　▶ ______________________________________

④ 日曜日だ。時間が　あります。

　　▶ ______________________________________

⑤ 大変だ。しないで　ください。

　　▶ ______________________________________

2 짧은글짓기

① 저 사람이 鈴木 씨이지요?

▶ ________________________________

② 피곤하지요?

▶ ________________________________

③ 木村 씨는 수영을 잘 하시지요?

▶ ________________________________

Kotoba Bank

あ(会)ったら 만나면, 만나거든	けんせつがいしゃ(建設会社) 건설회사
よろしく つた(伝)えて ください	つた(伝)える 전하다
안부 전해 주세요	お(落)ちつ(着)く 안정되다, 자리잡다
そつぎょうしき(卒業式) 졸업식	む(向)こう (목적지의) 그쪽, 저쪽
きこく(帰国) 귀국	だいがくいん(大学院) 대학원
せわ(世話) 신세, 폐	すす(進)む 진학하다, 나아가다
おせわ(お世話)に なりました	か(貸)す 빌려 주다
신세졌습니다	みなさま(皆様) 여러분
ほんとう(本当)に 정말로	しょうせつ(小説) 소설
しゅうしょく(就職)する 취직하다	じゅけんべんきょう(受験勉強) 수험공
ぼうえきがいしゃ(貿易会社) 무역회사	부, 입시공부
けいえい(経営)する 경영하다	すてきだ 멋있다
せんぱい(先輩) 선배	

Japanese Box

회사의 조직

かい しゃ
会社 회사

かいちょう
会 長 회장

しゃちょう
社 長 사장

だいひょうとりしまりやく
代 表 取 締 役 대표이사

とりしまりやく
取 締 役 이사

せん む とりしまりやく
専 務 取 締 役 전무이사

じょう む とりしまりやく
常 務 取 締 役 상무이사

ぶ ちょう
部 長 부장

か ちょう　　ぶ ちょうだい り
課 長／部 長 代 理 과장/부장대리

かかりちょう　　か ちょうだい り
係 長／課 長 代 理 계장/과장대리

ぶ いん　　か いん
部 員／課 員 부원/과원

ひら しゃいん
(平)社 員 (평)사원

しんにゅうしゃいん
新 入 社 員 신입사원

サラリーマン 샐러리맨

しゅっちょう
出 張 출장

しょうしん
昇 進 승진

てんきん
転 勤 전근

しゅっきん
出 勤 출근

たいしゃ
退 社 퇴근

ざんぎょう
残 業 잔업

ボーナス 보너스

ていねんたいしょく
定 年 退 職 정년퇴직

練習すれば すぐ できると 思います。
れんしゅう

CD8

キム 高橋さん、何を 見て いるんですか。

高橋 地下鉄の 路線図です。
ろせんず
あのう、電子ランドに 行きたいんですが、どう 行けば いいんで
でんし
すか。

キム 高橋さんは 運転が できますか。
うんてん

高橋 ええ、できますが、ソウルでは こわくて 運転したく ありません。

キム そうですか。何か 買うんですか。

高橋 ええ、パソコンを 買いたいんです。

キム パソコンが できるんですか。

高橋 いいえ、できませんが、練習すれば すぐ できると 思います。
れんしゅう

キム　まず、2号線で　市庁 （しちょう） まで　行って　ください。

　　　そこで　1号線に　乗り換えれば （のか） いいんです。

　　　そして　三つ目の、ヨンサン駅で　降りて　ください。

高橋　市庁で　乗り換えて、三つ目の　ヨンサン駅ですね。わかりました。

　　　支払いは （しはら） カードでも　いいでしょうか。

キム　ええ、大丈夫だと　思います。

　　　でも、カードを　扱わない （あつか） 店も　あると　聞きました。

高橋　そうですか。留守番電話は （るすばんでんわ） いくらぐらい　しますか。

キム　さあ…　留守番電話も　買うんですか。

高橋　ええ、あまり　高ければ　やめますが、安ければ　買いたいと　思います。

　　　ところで、キムさん、日本語が　ずいぶん　上手に　なりましたね。

キム　いいえ、まだまだです。なかなか　上手に　話す　ことが　できないんですよ。

Language Focus

1 運転が　できますか。

① A　ピアノが　できますか。

　　B　はい、少し　できます。

② 私は　料理が　できません。

③ キムさんは　日本語は　よく　できますが、フランス語は
　　少ししか　できません。

④ スケートは　できますが、スキーは　全然　できません。

2 A　日本語を　上手に　話す　ことが　できますか。
　　B　いいえ、なかなか　上手に　話す　ことが　できません。

① A　日本語で　手紙を　書く　ことが　できますか。
　　B　はい、できます。

② A　週に　何回　来る　ことが　できますか。
　　B　週に　3回は　来る　ことが　できます。

③ A　英語の　歌を　歌う　ことが　できますか。
　　B　ええ。でも、上手に　歌う　ことは　できません。

3 ～ば形（仮定形）

動　詞	1그룹	行く ▶ 行けば 帰る ▶ 帰れば
	2그룹	見る ▶ 見れば 食べる ▶ 食べれば
	3그룹	来る ▶ 来（く）れば する ▶ すれば
イ形容詞 （形容詞）		暑い ▶ 暑ければ いい ▶ よければ ない ▶ なければ
ナ形容詞 （形容動詞）		嫌いだ ▶ 嫌いなら（ば） 新鮮だ ▶ 新鮮なら（ば）
名　詞		コーヒー ▶ コーヒーなら（ば） 日曜日 ▶ 日曜日なら（ば）

4 安ければ　買いたいんです。

① 今は　できませんが、練習すれ**ば**　すぐ　できると　思い
ます。

② 天気が　よけれ**ば**　行きますが、よく　なけれ**ば**　行き
ません。

③ 新鮮**なら(ば)**　買いますが、これは　あまり　新鮮じゃ
なさそうですね。

④ ビール**なら(ば)**　飲みますが、ウイスキーは　ちょっと。

5 日本語が　ずいぶん　上手に　なりましたね。

① あの　人は　この　歌で　有名に　なりました。

② 教室の　中は　急に　静かに　なりました。

③ 結婚してから　もっと　きれいに　なりましたね。

1 다음 표를 보고 ①～③의 문장을 완성해 보자.

●よく　できる
○少し　できる
×できない

	英語	運転	料理	水泳
イー	○	×	○	●
佐藤	●	○	×	○
木村	○	●	○	○
パク	○	×	●	○

① 水泳＿＿＿＿＿一番＿＿＿＿＿人は　イーさんです。

② 佐藤さんは　運転と　水泳は＿＿＿＿＿が、料理は＿＿＿＿＿。

③ パクさんは　運転＿＿＿＿＿全然＿＿＿＿＿＿＿＿＿＿＿。

2 （　）안의 단어를 알맞은 형태로 고쳐 보자.

① A 留守番電話も　買うんですか。

　 B ええ、＿＿＿＿＿＿ば　買いたいんです。
　　　　　（安い）

② 天気が＿＿＿＿＿＿ば　行きますが、＿＿＿＿＿＿ば
　　　　（いい）　　　　　　　　　　　　（よくない）

行きません。

③ テニスなら＿＿＿＿＿＿が、サッカーは＿＿＿＿＿＿。
　　　　　　（できる）　　　　　　　　　　（できない）

④ A お寿司は　まだ　一度も　作った　ことが　ないんですが。

　　B 大丈夫です。本を＿＿＿＿＿ば　すぐ＿＿＿＿＿＿。
　　　　　　　　　　　　（見る）　　　　　　　（作る）

3 그림을 보고 (　) 안의 단어를 알맞은 형태로 고쳐 보자.

① ＿＿＿＿＿＿＿＿なりました。
　　（元気だ）

② ＿＿＿＿＿＿＿＿なりました。
　　（静かだ）

③ ＿＿＿＿＿＿＿＿なりました。
　　（有名だ）

4 짧은글짓기

① 바쁘면 지금 하지 않아도 됩니다.

▶ ＿＿＿＿＿＿＿＿＿＿＿＿＿＿＿＿＿＿

② 이 차는 뜨거워서 마실 수가 없습니다.

▶ ＿＿＿＿＿＿＿＿＿＿＿＿＿＿＿＿＿＿

③ 몸이 아파서 학교에 갈 수 없습니다.

▶ ＿＿＿＿＿＿＿＿＿＿＿＿＿＿＿＿＿＿

Kotoba Bank

れんしゅう(練習)する 연습하다	るすばんでんわ(留守番電話) 자동응답
れんしゅう(練習)すれば 연습하면	전화기
できる 할 수 있다, 가능하다	や(止)める 그만두다
ろせんず(路線図) 노선도	ずいぶん 매우
でんし(電子)ランド 전자랜드	まだまだです 아직도 멀었습니다
うんてん(運転) 운전	なかなか (부정의 말을 수반하여) 좀처럼,
こわ(怖)い 무섭다	도저히
まず 우선	じょうず(上手)に 능숙하게
しちょう(市庁) 시청	～ことが できません ～할 수 없습니다,
の(乗)りか(換)える 갈아타다	～하지 못합니다
そして 그리고	フランスご(France語) 프랑스 어
ヨンサン 용산	～しか (뒤에 부정의 말을 수반하여)
しはら(支払)い 지불	～밖에
カード(card) 카드 ▶ credit card나 cash	スケート(skate) 스케이트
card의 줄임말	スキー(ski) 스키
あつか(扱)う 취급하다	きょうしつ(教室) 교실
	きゅう(急)に 갑작스럽게

材料は　買って　あるんですが。
ざいりょう

CD9

高橋　パクさん、ちょっと　お願いが　あるんですが。
　　　　　　　　　　　ねが

パク　はい、何ですか。

高橋　今日、引っ越し祝いで、友達を　招待したんですが、
　　　　　　　　　　　　　　　　　しょうたい
　　　料理が　下手なので、心配なんですよ。

パク　だれか、手伝いに　来ないんですか。

高橋　ええ、みんな　忙しいので……。

パク　じゃ、私が　ちょっと　手伝いましょうか。

高橋　ありがとうございます。助かります。
　　　　　　　　　　　　　　たす

高橋　材料は　もう　買って　あるんですが、まだ　何も　作って
いないんです。

パク　野菜は　どこに　あるんですか。

高橋　あ、野菜は　全部　洗って　おきました。冷蔵庫の　中です。

パク　お肉は？

高橋　お肉は　そちらに　出して　あります。

パク　どこですか。

高橋　食卓の　上です。

パク　あ、これですね。高橋さん、お皿は　どこですか。

高橋　あちらの　テーブルの　上に　置いて　あります。

パク　お寿司は　注文したんですか。

高橋　ええ、スーパーの　隣の　お寿司屋さんに　注文して　おき
ました。

パク　あ、もう　注文して　あるんですね。

じゃ、これだけ　作って　おけば　いいですね。

高橋　ええ、お願いします。

Language Focus

1 野菜は　全部　洗って　おきました。

① 部屋の　空気が　悪いので、しばらく　窓を　開けて
おきました。

② 約束の　時間を　忘れては　いけないので、いつも
メモを　して　おきます。

③ 一週間　前に　切符を　予約して　おきました。

④ お客さんが　来るので、ビールを　買って　おきました。

2 材料は　もう　買って　あるんです。

① 壁に　時計が　かけて　あります。

② 窓が　開けて　あります。

③ 部屋の　掃除が　して　あります。

④ 願書は　もう　出して　あります。

⑤ A　予約は　しましたか。

　　B　ええ、もう　して　あります。

⑥ ビールは　買って　あります。

⑦ お寿司は　もう　注文して　あります。

Training

1 「〜て　おく」를 사용하여 문장을 완성해 보자.

① お客さんが　来るので、家を＿＿＿＿＿＿ました。
（掃除する）

② 忘れては　いけないので、いつも　メモを＿＿＿＿＿＿。
（する）

③ 料理を　する　前に　材料を＿＿＿＿＿＿て　ください。
（切る）

④ 1か月　前に　ホテルを＿＿＿＿＿＿て　ください。
（予約する）

2 「〜て　ある」를 사용하여 문장을 완성해 보자.

① 壁に　写真が＿＿＿＿＿＿＿＿。（かける）

② 宿題は　もう＿＿＿＿＿＿＿＿。（する）

③ 窓が＿＿＿＿＿＿＿＿。（開ける）

④ A　ビールは　買って　おきましたか。

　　B　ええ、もう＿＿＿＿＿＿＿＿。

⑤ A　お寿司は　注文しましたか。

　　B　ええ、お寿司屋さんに＿＿＿＿＿＿＿＿。

⑥ A　野菜サラダは　作りましたか。

　　B　ええ、もう＿＿＿＿＿＿＿＿＿＿＿＿＿＿＿＿。

3 짧은글짓기

① 테이블 위에 커피가 놓여 있습니다.

▶ ＿＿＿＿＿＿＿＿＿＿＿＿＿＿＿＿＿＿＿＿＿

② 교실의 입구에는 교실번호가 쓰여 있습니다.

▶ ＿＿＿＿＿＿＿＿＿＿＿＿＿＿＿＿＿＿＿＿＿

③ 방이 더워서 창문을 열어 두었습니다.

▶ ＿＿＿＿＿＿＿＿＿＿＿＿＿＿＿＿＿＿＿＿＿

Kotoba Bank

ざいりょう(材料) 재료	おさら(お皿) 접시
か(買)って ある 사 두다	おすしや(お寿司屋)さん 초밥집
ねが(願)い 부탁	〜だけ 〜만
ひ(引)っこ(越)し 이사	くうき(空気) 공기
ひ(引)っこ(越)しいわ(祝)い 집들이	しばらく 잠깐, 잠시
しょうたい(招待)する 초대하다	わす(忘)れる 잊다
たす(助)かる 도움이 되다	きっぷ(切符) 표
ぜんぶ(全部) 전부	かべ(壁) 벽
れいぞうこ(冷蔵庫) 냉장고	かける (액자, 사진을) 걸다
おにく(お肉) 고기	がんしょ(願書) 원서
だ(出)して ある 꺼내 두다	メモ(memo) 메모
しょくたく(食卓) 식탁	

Japanese Box

야채와 과일

きゅうり 오이

トマト 토마토

なす 가지

ピーマン 피망

とうがらし 고추

ほうれんそう 시금치

にん じん
人参 당근

はく さい
白菜 배추

だい こん
大根 무

じゃがいも 감자

りんご 사과

なし
梨 배

いちご 딸기

ぶどう 포도

みかん 귤

病院へ　行かなければ　なりません。

CD 10

キム　木村さん、今日　帰りに　1杯（いっぱい）　飲みませんか。

木村　すみません。ちょっと　病院へ　行かなければ　ならないんです。予約して　あるんです。

キム　えっ、どこか　悪いんですか。

木村　ええ、少し　胃（い）が　痛いんです。

医者（いしゃ）　胃炎（いえん）ですね。これから、お酒と　たばこは　やめて　ください。辛い物（からもの）や　しょっぱい物も　避けて（さ）　ください。胃に　よくないんですよ。

それに　仕事で　あまり　無理しないで　ください。

木村　すぐ　治るでしょうか。

医者　あまり　心配しなくても　いいですよ。

　　　でも、しばらく　薬を　飲まなければ　なりません。

木村　どのくらい　飲めば　治るでしょうか。

医者　1週間くらい　飲んで　みて　ください。

　　　薬は、受付で　もらって　いって　ください。
　　　　　うけつけ

受付　木村さん。お薬と　保険証と　診察券です。
　　　　　　　　　　　　ほけんしょう　　　しんさつけん
　　　お薬は　1日　3回、食後に　飲んで　ください。
　　　　　　　　　　　　　　しょくご
木村　食後に　3回ですね。わかりました。

　　　この　次からは　保険証は　持って　こなくても　いいんで
　　　すか。

受付　ええ、診察券だけで　いいです。お大事に。

Language Focus

1 病院へ 行かなければ なりません。

① スポーツを する 時は ルールを 守らなければ なりません。

② 日本では 車は 道の 左側を 走らなければ なりません。

③ A お茶でも 飲んで 帰りませんか。

B 今日は 早く 帰って 母の 手伝いを しなければ ならないんです。

④ もっと 熱心に 勉強しなければ なりません。

⑤ 明日までに レポートを 出さなくては なりません。

2 あまり 心配しなくても いいですよ。

① 嫌いな ものは 食べなくても いいですか。

② 明日は 早く 起きなくても いいです。

③ 忙しかったら 来なくても いいです。

④ A 今日も 早く 帰らなければ ならないんですか。

B いいえ、今日は 早く 帰らなくても いいです。

3 何杯ですか。

一杯	いっぱい
二杯	にはい
三杯	さんばい
四杯	よんはい
五杯	ごはい
六杯	ろっぱい
七杯	ななはい
八杯	はっぱい
九杯	きゅうはい
十杯	じゅっぱい

Training

1 （　）안의 단어를 알맞은 형태로 고쳐 보자.

① 忙しかったら＿＿＿＿＿＿＿＿＿いいです。
　　　　　　　　　（来る）

② 週末は　予約を＿＿＿＿＿＿＿＿なりませんよ。
　　　　　　　　　（する）

③ あまり＿＿＿＿＿＿＿＿いいです。
　　　（心配する）

④ 会社の　仕事で　東京へ＿＿＿＿＿＿＿＿ならないんです。
　　　　　　　　　　　　（行く）

⑤ 約束は＿＿＿＿＿＿＿＿なりません。
　　　（守る）

⑥ 金曜日までに　レポートを＿＿＿＿＿＿＿＿なりません。
　　　　　　　　　　　（出す）

⑦ 1時に　予約が　あるので　12時ごろ　家を＿＿＿＿＿＿＿
　　　　　　　　　　　　　　　　　　　（出る）

なりません。

⑧ 嫌いな　ものは　無理に＿＿＿＿＿＿＿＿いいです。
　　　　　　　　　　（食べる）

2 짧은글짓기

① 오늘은 밤 늦게까지 일하지 않으면 안 됩니다.

▶ ______________________________

② 가족이나 친구에게 한 약속은 지키지
않으면 안 됩니다.

▶ ______________________________

③ 식욕이 없으면 먹지 않아도 됩니다.

▶ ______________________________

Kotoba Bank

びょういん(病院) 병원	うけつけ(受付) 접수처
い(行)かなければ なりません	もらう 받다
가지 않으면 안 됩니다	ほけんしょう(保険証) 보험증
いっぱい(一杯) 한 잔 ▶ ～杯 ～잔, ～그릇	しんさつけん(診察券) 진찰권
(잔이나 그릇에 담긴 음식 등을 세는 단	しょくご(食後) 식후
위)	ルール(rule) 룰, 규칙
い(胃) 위	まも(守)る 지키다
いしゃ(医者) 의사	みち(道) 길
いえん(胃炎) 위염	ひだりがわ(左側) 왼쪽
から(辛)い 맵다	はし(走)る 달리다
しょっぱい 짜다	てつだ(手伝)いを する 도와 주다
さ(避)ける 피하다	ねっしん(熱心)だ 열심이다
むり(無理)する 무리하다	なんばい(何杯) 몇 잔, 몇 그릇(공기)

병 원

びょういん
病院 병원

い しゃ
医者 의사

かん ご ふ
看護婦 간호사

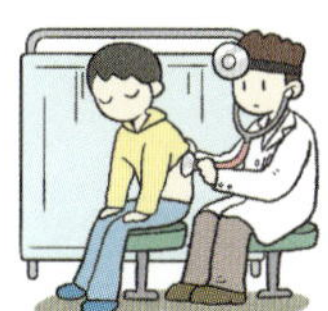

しん さつ
診察 진찰

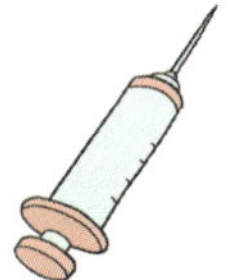

ちゅうしゃ
注射 주사

しゅじゅつ
手術 수술

にゅういん
入院 입원

たい いん
退院 퇴원

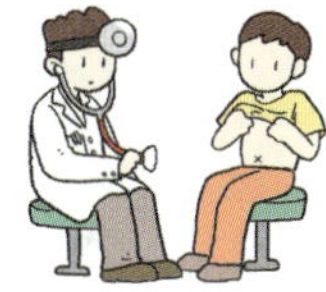

ない か
内科 내과

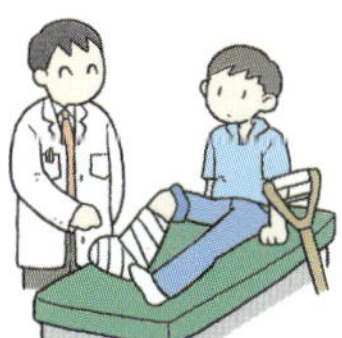

げ か
外科 외과

しょうに か
小児科 소아과

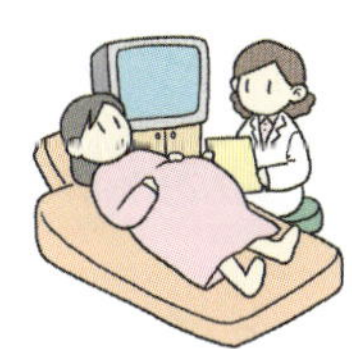

さん ふ じん か
産婦人科 산부인과

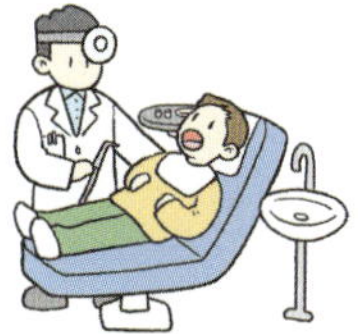

し か
歯科 치과

せいしん か
精神科 정신과

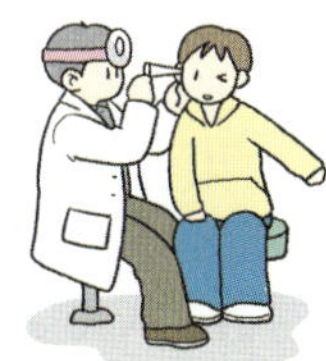

じ び いんこう か
耳鼻咽喉科 이비인후과

安く 買うなら、秋葉原に
行った ほうが いいです。

CD11

キム　高橋さん、日本へ 行ったら、ビデオカメラを 買いたいん
ですが。どこへ 行けば 安く 買う ことが できますか。

高橋　安く 買うなら、秋葉原に 行った ほうが いいですよ。

キム　あきはばら？

高橋　ええ、電気製品を 買うなら 秋葉原が 一番です。
交通も 便利だし、とても 安いんです。

キム　それから、東京見物を したいんですが。

高橋　東京見物なら、はとバスを 利用した ほうが いいと 思
いますよ。

キム　はとバスですか。

高橋　ええ。はとバスは　東京の　名所めぐりを　する　バスです。
　　　一日コースか　半日コースの　どちらかを　自由に　選ぶ
　　　ことが　できるんですよ。
　　　お泊まりは　どこですか。

キム　まだ　予約は　して　いないんですが、ホテルに　泊まりた
　　　いんです。

高橋　ホテルに　泊まるなら、早めに　予約して　おかなければ
　　　なりませんよ。飛行機も　2、3日　前に　予約を　確かめた
　　　ほうが　いいと　思いますよ。

キム　お金は　現金で　持って　いった　ほうが　いいでしょうか。

高橋　現金は　あまり　持って　いかない　ほうが　いいんじゃ
　　　ありませんか。カードか　トラベラーズ・チェックを　使っ
　　　た　ほうが　いいと　思います。

Language Focus

1 電気製品を　買う**なら**　秋葉原が　一番です。

① A　シンチョンに　行きたいんですが、どこで　乗り換え
　　　れば　いいんですか。

　　B　シンチョンに　行く**なら**　市庁で　乗り換えれば
　　　いいんですよ。

② A　明日は　ちょっと　忙しいんですが。

　　B　忙しい**なら**　来なくても　いいです。

③ A　来週からは　暇です。

　　B　暇**なら**　旅行にでも　行きませんか。

④ A　飛行機の　予約は　しましたか。

　　B　飛行機の　予約**なら**　もう　して　あります。

2 秋葉原に　行った　ほうが　いいですよ。

① 疲れた　ときは　ゆっくり　休んだ　ほうが　いいです。

② 早く　病院に　行った　ほうが　いいんじゃ　ありませんか。

③ 切符を　予約して　おいた　ほうが　いいと　思います。

④ A　傘を　持って　いった　ほうが　いいでしょうか。
　　B　ええ、その　ほうが　いいと　思います。

3 持って　行かない　ほうが　いいんじゃ　ありませんか。

① だれにも　話さない　ほうが　いいと　思います。

② 夜　遅く　電話しない　ほうが　いいですよ。

③ 風邪の　ときは　無理しない　ほうが　いいですよ。

Training

1 「なら」를 사용하여 문장을 완성해 보자.

① A だれか　日本語が　できる　人は　いませんか。

   B ＿＿＿＿＿＿＿＿＿キムさんが　できます。

② A 昼ご飯は　とんカツです。

   B ＿＿＿＿＿＿＿＿＿あまり　食べたく　ありません。

③ A 少し　暑いですね。

   B ＿＿＿＿＿＿＿＿＿窓を　開けて　ください。

④ A 私は　バナナが　好きです。

   B ＿＿＿＿＿＿＿＿＿もう　一つ　どうぞ。

⑤ A バスで　行く　予定です。

   B ＿＿＿＿＿＿＿＿＿早めに　家を　出なくては　いけ
ません。

2 「〜た　ほうが　いいです」,「〜ない　ほうが　いいです」를
사용하여 문장을 완성해 보자.

① たばこは　体に　悪いです。＿＿＿＿＿＿＿＿＿よ。
　　　　　　　　　　　　　　　　　　（やめる）

② 辛い物は　胃に　よく　ないです。＿＿＿＿＿＿＿よ。
　　　　　　　　　　　　　　　　　　　（食べる）

③ テレビは　目に　よく　ないです。

長い　時間＿＿＿＿＿＿＿＿よ。
　　　　　　（見る）

④ 疲れた　時は　ゆっくり＿＿＿＿＿＿＿＿よ。
　　　　　　　　　　　　（休む）

3　짧은글짓기

① 아이스크림은 너무 많이 먹지 않는 것이
　좋습니다.

▶ ＿＿＿＿＿＿＿＿＿＿＿＿＿＿＿＿＿

② 감기에 걸렸을 때에는 빨리 병원에 가는
　것이 좋지 않을까요?

▶ ＿＿＿＿＿＿＿＿＿＿＿＿＿＿＿＿＿

③ 부산이라면 태어난 곳이므로 잘 압니다.

▶ ＿＿＿＿＿＿＿＿＿＿＿＿＿＿＿＿＿

Kotoba Bank

〜た ほうが いいです 〜하는 편이 좋습니다	めいしょ(名所)めぐり 명소 순례
ビデオカメラ(video camera) 비디오 카메라	はんにち(半日) 반나절
あきはばら(秋葉原) 아키하바라 ▶ 일본의 지명(地名)	コース(course) 코스
でんきせいひん(電気製品) 전기제품	じゆうに(自由に) 자유롭게
〜が いちばん(一番)です 〜이 최고입니다, 〜이 제일입니다	えら(選)ぶ 고르다, 선택하다
けんぶつ(見物) 구경	おと(お泊)まり 숙소
はとバス 하토 버스 ▶ 관광 명소를 운행하는 버스 이름	はや(早)めに 일찌감치
りよう(利用)する 이용하다	たし(確)かめる 확인하다
	げんきん(現金) 현금
	トラベラーズ・チェック(traveler's check) 여행자 수표
	ゆっくり 푹, 느긋하게
	め(目) 눈

Japanese Box

일본의 공휴일

1月1日
がんじつ　しょうがつ
元日／お正月
설날

1月 第2月曜日
せいじん　ひ
成人の日
성인의 날

2月11日
けんこく き ねん び
建国記念日
건국기념일

3月21日경
しゅんぶん　ひ
春分の日
춘분

4月29日
みどり　ひ
緑の日
녹색의 날

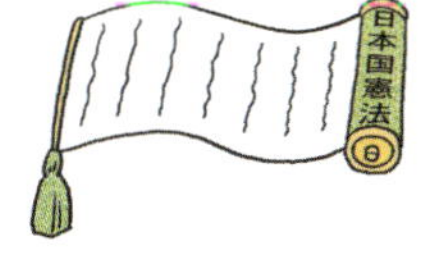

5月3日
けんぽう き ねん び
憲法記念日
헌법기념일

5月4日
こくみん　　きゅうじつ
国民の休日
국민의 휴일

5月5日
こ ども　ひ
子供の日
어린이날

7月 第3月曜日
うみ　ひ
海の日
바다의 날

9月 第3月曜日
けいろう　　ひ
敬老の日
경로의 날

9月23日경
しゅうぶん　ひ
秋分の日
추분

10月 第2月曜日
たいいく　ひ
体育の日
체육의 날

11月3日
ぶん か　ひ
文化の日
문화의 날

11月23日
きんろうかんしゃ　ひ
勤労感謝の日
근로감사의 날

12月23日
てんのうたんじょう び
天皇誕生日
천황탄생일

お金を　入れると　水が　出ます。

CD 12

ハン　あのう、すみません。

コイン・ランドリーの　使い方が　よく　わからないんですが、

ちょっと　教えて　くださいませんか。

佐藤　あ、はい、新入生ですか。

ハン　ええ。102号室の　ハンです。

佐藤　ぼくは　315号室の　佐藤です。よろしく。

ハン　こちらこそ、どうぞ　よろしく　お願いします。

佐藤　まず、ふたを　開けて、洗濯物と　洗剤を　入れて　ください。

それから、ここに　百円だまを　入れて　ください。

　　お金を　入れると　水が　出ます。この　洗濯機は　全自動
　　　　　　　　　　　　　　　　　　　　　　せんたくき　　　ぜんじどう
　　です。

ハン　わかりました。簡単ですね。
　　　　　　　　　　　　かんたん

佐藤　洗濯が　終わると　自動的に　止まります。
　　　　　　　　　　　　じどうてき　　と
　　　途中で　止めたい　ときは、この　停止ボタンを　押して
　　　とちゅう　と　　　　　　　　　　　　ていし　　　　　　お
　　　ください。

　　　完全に　止まる　前に　ふたを　開けると　危ないですよ。
　　　かんぜん　　　　　　　　　　　　　　　　　あぶ

ハン　あのう、この　洗濯機、お金を　入れても　水が　出ないん
　　　ですが。

佐藤　そうですか。コードが　抜けて　いませんか。
　　　　　　　　　　　　　　　ぬ

ハン　いいえ。コードは　抜けて　いませんが。

佐藤　そうですか。あ、故障して　いるようですね。
　　　　　　　　　　　　こしょう
　　　ほかのを　使って　みて　ください。

Language Focus

1　洗濯が　終わると　自動的に　止まります。

① 砂糖を　入れると　甘く　なります。

② この　ボタンを　押すと　止まります。

③ お酒を　飲むと　顔が　赤く　なります。

④ 暑いと　眠く　なります。

⑤ 静かだと　すぐ　眠く　なります。

⑥ 5歳以下の　子供だと　無料です。

2　お金を　入れても　水が　出ないんですが。

① ボタンを　押しても　切符が　出ないんですが。

② 勉強しても　わかりません。

③ 少し　高くても　買います。

④ 大変でも　私は　この　仕事が　好きです。

⑤ 先生でも　わからないのは　ありますよ。

3 故障して　いる**ようですね**。

① 何回　電話しても　だれも　出ませんね。
家には　だれも　いない**ようです**。

② 少し　部屋の　中が　暑い**ようですね**。クーラーを
つけましょうか。

③ A　くしゃみが　出たり　鼻水が　出たり　します。
　　B　風邪の**ようですね**。

4 ちょっと　**教えて**　くださいませんか。

① ボリュームを　少し　小さく　して　くださいませんか。

② 窓を　開けて　くださいませんか。

③ すみません。ちょっと　写真を　撮って　くださいませんか。

5 コイン・ランドリーの　**使い方**が　よく　わからないんですが。

① ここに　お寿司の　**作り方**が　書いて　あります。

② この　漢字の　**読み方**が　わかりません。

③ 手紙の　**書き方**を　教えて　くださいませんか。

Training

1 A, B에서 알맞은 것을 골라 한 문장으로 만들어 보자.

A **보기** 洗濯が　終わります

① お酒を　飲みます
② 夏に　なります
③ 砂糖を　入れます
④ 夜に　なります
⑤ コートを　ぬぎます

B **보기** 止まります

甘く　なります
顔が　赤く　なります
暑く　なります
寒いです
暗く　なります

보기　洗濯が　終わると　止まります。

①　_______________________________________

②　_______________________________________

③　_______________________________________

④　_______________________________________

⑤　_______________________________________

2 다음 문장을 보기와 같이 바꾸어 보자.

> 보기　お金を　入れると　水が　出ます。
>
> ▶ <u>お金を　入れても　水が　出ません。</u>

① ボタンを　押すと　切符が　出ます。

▶ _______________________________

② 雨が　降ったら　行きません。

▶ _______________________________

③ ゆっくり　話せば　わかります。

▶ _______________________________

3 짧은글짓기

① 조금 크게 말해 주시지 않겠습니까?

▶ _______________________________

② 겨울이 오면 추워집니다.

▶ _______________________________

③ 열심히 공부를 해도 능숙해지지 않습니다.

▶ ______________________________

④ 김미라 씨는 다음 달에 결혼하는 것 같습니다.

▶ ______________________________

⑤ 컴퓨터의 사용법을 가르쳐 주세요.

▶ ______________________________

Kotoba Bank

～と ～(하)면	コード(cord) 코드
コイン・ランドリー(coin laundry) 동전을 넣으면 작동하는 세탁기나 건조기를 갖춘 곳	ぬ(抜)ける 빠지다
	こしょう(故障)する 고장나다
	ほかの 다른 것
つか(使)いかた(方) 사용법	～ようだ ～(ㄴ) 것 같다
しんにゅうせい(新入生) 신입생	さとう(砂糖) 설탕
～ごうしつ(～号室) ~호실	かお(顔) 얼굴
ふた 뚜껑	ねむ(眠)い 졸리다
せんたくもの(洗濯物) 세탁물, 빨랫감	いか(以下) 이하
せんざい(洗剤) 세제	むりょう(無料) 무료
ひゃくえん(百円)だま 백 엔짜리 동전	で(出)る (전화를) 받다
せんたくき(洗濯機) 세탁기	クーラー(cooler) 쿨러, 냉방장치
ぜんじどう(全自動) 전자동	つける 켜다
じどうてき(自動的)だ 자동적이다	くしゃみ 재채기
と(止)まる 멎다, 서다	はなみず(鼻水) 콧물
と(止)める 멎게 하다	ボリューム(volume) 볼륨, 부피, 음량
ていし(停止) 정지	つく(作)りかた(方) 만드는 법
ボタン(button) (옷의) 단추, (기계의) 버튼	よ(読)みかた(方) 읽는 법
お(押)す 누르다	か(書)きかた(方) 쓰는 법
かんぜん(完全)だ 완전하다	なつ(夏) 여름
あぶ(危)ない 위험하다	くら(暗)い 어둡다

時間が ありませんから、短く して ください。

CD 13

記者（きしゃ）　あのう、失礼ですが、留学生の　方ですか。

留学生　はい、そうですが。

記者　私は 「留学」と いう　雑誌の　記者です。
　　　ちょっと インタビューを　したいんですが。

留学生　すみません、今、急いで（いそ）　いるので……。

記者　あのう、インタビューに　答えて（こた）　くださいませんか。

ハン　はい、いいですよ。でも、時間が　ありませんから、短く
　　　して　ください。

記者　あ、授業が　あるんですか。

ハン　ええ。今、1時半ですから、もう　始まって　いるはずです。

記者　そうですか。すみません。日本での　生活は　どうですか。

ハン　そうですね。親切な　人も　多いし、便利で　いい　面_{めん}も
　　　あります。
　　　でも、物価_{ぶっか}が　高いので、少し　住みにくいと　思います。

記者　アルバイトを　して　いますか。

ハン　いいえ、して　いません。

記者　ほかの　留学生たちは　どうですか。

ハン　そうですね。お金に　困って_{こま}　いる　学生も　たくさん
　　　いるので、アルバイトを　して　いる　人も　多いはずです。

記者　学校は　どうですか。

ハン　おもしろいですが、日本の　学生に　ついて　いくのが　大変
　　　です。

記者　日本語、お上手ですね。これからも　がんばって　ください。
　　　今日は　本当に　ありがとうございました。

Language Focus

1 時間が　ありませんから、短く　して　ください。

① 道が　すべりますから、気を　つけて　ください。

② 暑いですから、冷たい　ジュースでも　飲みましょう。

③ 大丈夫ですから、あまり　心配しないで　ください。

④ ここは　禁煙ですから、たばこを　吸わないで　ください。

2 今　1時半ですから、（授業は）　もう　始まって　いるはずです。

① A　遅いですね。

　 B　そうですね。でも　もう　3時ですから、もう　すぐ
　　　来るはずです。

② イーさんは　一年　前から　日本語を　習って　います
　　から、日本語が　上手なはずです。

③ 高橋さんは　パーティーの　準備を　して　いるので、
　　今　忙しいはずです。

④ 毎週　月曜日は　定休日なので、今日は　休みのはずです。

3 物価が　高いので　住みにくいと　思います。

① 田中先生の　授業は　ちょっと　わかりにくいです。

② この　薬は　苦いので、子供は　飲みにくいと　思います。

③ 字が　きたないので　読みにくいです。

4 私は　「留学」と　いう　雑誌の　記者です。

① キム　ミラと　いう　方から　電話が　ありました。

② 「すきやき」と　いう　日本料理を　知って　いますか。

③ 駅前の　「ブルー」と　いう　レストランへ　行った　ことが　ありますか。

1 보기와 같이 두 문장을 한 문장으로 만들어 보자.

보기 時間が　ありません。ですから　短く　して　ください。
　　▶ <u>時間が　ありませんから、短く　して　ください。</u>

① 雨が　降って　います。ですから、傘を　持って　いって
　ください。

　▶ _________________________________

② お酒は　体に　よく　ありません。ですから、あまり
　飲まない　ほうが　いいですよ。

　▶ _________________________________

③ 大丈夫です。ですから、あまり　心配しないで　ください。

　▶ _________________________________

④ かばんが　あります。ですから、まだ　いるはずです。

　▶ _________________________________

⑤ 彼は　テニスの　選手でした。ですから、テニスが
　上手なはずです。

　▶ _________________________________

2 문맥에 알맞은 것을 골라 보자.

① 字が　小さいので

  ⓐ 読みやすい
  ⓑ 読みにくい
  ⓒ 書きやすい
  ⓓ 書きにくい

　です。

② 物価が　高いから

  ⓐ 買いやすい
  ⓑ 買いにくい
  ⓒ 住みやすい
  ⓓ 住みにくい

　と　思います。

③ この　薬は　甘いので　子供でも

  ⓐ 飲みやすい
  ⓑ 飲みにくい
  ⓒ 食べやすい
  ⓓ 食べにくい

　です。

④ 田中先生は　声が　小さいので、授業が

   ⓐ わかりやすい

   ⓑ わかりにくい

   ⓒ しやすい です。

   ⓓ しにくい

3 짧은글짓기

① 다음 주 월요일부터 시험이 시작되니까, 도서관에는
학생들이 많을 것입니다.

 ▶ ______________________________

② 이 스테이크는 질겨서 먹기 어렵습니다.

 ▶ ______________________________

③ 위험하니까 주의해 주세요.

 ▶ ______________________________

～から ～니까, ～므로	つく (뒤를) 따르다
きしゃ(記者) 기자	おじょうず(お上手)だ 능숙하시다
インタビュー(interview) 인터뷰	がんばる 열심히 하다, 힘을 내다
いそ(急)ぐ 서두르다	すべ(滑)る 미끄러지다
こた(答)える 대답하다	き(気)を つける 조심하다
～はずです ～한 게 틀림없습니다	ていきゅうび(定休日) 정기 휴일
めん(面) 면	にが(苦)い 쓰다
ぶっか(物価) 물가	きたない 더럽다, 지저분하다
～にくい ～하기 어렵다	すきやき 스키야키 ▶ 일본식 전골
こま(困)る 궁해지다, 곤란을 겪다	えきまえ(駅前) 역 앞

二人は
同い年だそうです。
おな　　　どし

Key Expression
❶ 彼女は　来月　結婚するそうです。
❷ やせる　ために　ダイエットを　始めました。
❸ 夜は　できるだけ　食べないように　して　います。

CD14 高橋さんへ。

高橋さん、お元気ですか。

返事が　遅く　なって、ごめんなさい。
へんじ
ロンドンに　住んで　いる　妹の　ところに、赤ちゃんが　生まれました。
あか
それで　1か月ほど　イギリスに　行って　きました。

妹の　ために　家事の　手伝いも　したり、あちこち　観光も　したりし
かんこう
て、楽しく　過ごしました。
す
赤ちゃんは　とても　かわいい　女の子で、名前は　シネと　いいます。

「シネ」は、韓国語で　小川と　いう　意味です。
おがわ　　　　　いみ
高橋さん、私の　後輩の　キムさんを　覚えて　いますか。

彼女は　来月　結婚するそうです。

相手は　お医者さんで、二人は　同い年だそうです。

このごろは、時差ぼけを　治す　ために、夜　早く　寝て、朝　早く　起きるように　して　います。

また、3キロも　太ったので、やせる　ために　ダイエットを　始めました。
夜は　できるだけ　食べないように　して　います。

おとといから　日本語の　小説を　読んで　います。

去年、日本で　とても　人気が　あった　小説だそうです。

わからない　単語が　多いので、辞書を　引きながら　がんばって　います。
高橋さんも　韓国語の　勉強、がんばって　ください。

お手紙を　待って　います。今度は　韓国語で　書いて　みて　ください。
楽しみに　して　います。
それじゃ、また。お元気で。

パク　ヒソン

Language Focus

1 彼女は　来月　結婚するそうです。

① 彼は　銀行に　勤めて　いるそうです。

② 東京は　物価が　高いそうですね。

③ イーさんは　とても　まじめだそうです。

④ 高橋さんの　趣味は　旅行だそうです。

2 やせる　ために　ダイエットを　始めました。

① A　どうして　日本語を　習って　いるんですか。
　 B　日本へ　留学する　ために　習って　いるんです。

② 留学する　ために　いっしょうけんめい　勉強して
　 います。

③ A　健康の　ために　何か　して　いますか。
　 B　毎朝　運動を　して　います。

④ 子供の　ために　絵本を　買いました。

3 夜は　できるだけ　食べないように　して　います。

① 夜　早く　寝て　朝　早く　起きるように　して　います。

② ダイエットを　して　いるので、甘い　ものは　食べないように　して　います。

③ 健康の　ために　毎朝　ジョギングを　するように　して　います。

④ 私は　できるだけ　韓国語で　話さないように　して　います。

Training

1 보기와 같이 「そうです」를 사용하여 문장을 만들어 보자.

> 보기 明日　テストが　あります。
>
> ▶ <u>ハンさんは　明日　テストが　あるそうです。</u>
> （ハン）

① 来月　結婚します。

▶ ___________________________

（キム）

② 大学で　日本語を　教えて　います。

▶ ___________________________

（田中）

③ このごろ　忙しいです。

▶ ___________________________

（高橋）

④ 今日も　残業です。

▶ ___________________________

（木村）

2 「ために」를 사용하여 문장을 완성해 보자.

① 大学に___________いっしょうけんめい　勉強して
（入る）

います。

② ＿＿＿＿＿＿＿＿＿＿ダイエットを　して　います。
　　　（やせる）

③ ＿＿＿＿＿＿＿＿＿＿毎朝　ジョギングを　して　います。
　　　（健康）

④ ＿＿＿＿＿＿＿＿＿＿ジュースを　作って　います。
　　　（子供）

3 짧은글짓기

① 그녀는 다음 주 일본에 간다고 합니다.

▶ ＿＿＿＿＿＿＿＿＿＿＿＿＿＿＿＿＿＿＿＿＿＿＿＿

② 건강을 위해서 매일 야채 주스를 마시고 있습니다.

▶ ＿＿＿＿＿＿＿＿＿＿＿＿＿＿＿＿＿＿＿＿＿＿＿＿

③ 일본어 공부를 위해서 NHK를 보도록 하고 있습니다.

▶ ＿＿＿＿＿＿＿＿＿＿＿＿＿＿＿＿＿＿＿＿＿＿＿＿

Kotoba Bank

おないどし(同い年) 동갑	じさ(時差) 시차
へんじ(返事) 답장, 대답	じさぼけ(時差ぼけ) 시차 때문에 생기는
ごめんなさい 미안해요, 죄송해요	생리적 부적응 상태
ロンドン(London) 런던	なお(治)す 고치다, 낫게 하다
あか(赤)ちゃん 갓난아기	キロ(kilo) 킬로 ▶ 킬로그램, 킬로미터 등
それで 그래서	의 준말로 사용한다.
~ほど ~정도	ふと(太)る 살찌다
イギリス 영국	ダイエット(diet) 다이어트
ために 위해서	できるだけ 될 수 있는 한
あちこち 여기저기	たんご(単語) 단어
かんこう(観光) 관광	じしょ(辞書)を ひ(引)く 사전을 찾다
す(過)ごす 지내다	たの(楽)しみ 즐거움, 기대
かわいい 귀엽다	しゅみ(趣味) 취미
おがわ(小川) 시내, 개울	いっしょうけんめい 열심히
いみ(意味) 의미	けんこう(健康) 건강
あいて(相手) 상대	えほん(絵本) 그림책
おいしゃ(お医者)さん 의사 선생님	ジョギング(jogging) 조깅

자동사와 타동사

자동사 〜が(〜이, 가)	타동사 〜を(〜을, 를)	자동사 〜が(〜이, 가)	타동사 〜を(〜을, 를)
閉まる (닫히다)	閉める (닫다)	かかる (걸리다)	かける (걸다)
始まる (시작되다)	始める (시작하다)	助かる (도움이 되다)	助ける (돕다)
集まる (모이다)	集める (모으다)	受かる ((시험에) 붙다)	受ける ((시험을) 보다)
決まる (정해지다)	決める (정하다)	上がる (오르다)	上げる (올리다)
止まる (멎다, 서다)	止める (멎게 하다)	曲がる (구부러지다)	曲げる (구부리다)
起きる (일어나다)	起こす (일으키다)	つく (켜지다)	つける (켜다)
落ちる (떨어지다)	落とす (떨어뜨리다)	入る (들어가다, 들어오다)	入れる (넣다)
過ぎる (지나다)	過ごす (지내다)	終わる (끝나다)	終える・終わる (끝내다)
治る (낫다)	治す (고치다)	抜ける (빠지다)	抜く (빼다)
写る ((사진 따위가) 찍히다)	写す ((사진 따위를) 찍다)	続く (계속되다)	続ける (계속하다)
残る (남다)	残す (남기다)	出る (나가다, 나오다)	出す (내다)
降りる ((탈 것에서) 내리다)	降ろす ((탈 것에서) 내려 놓다)	乗る (타다)	乗せる (태우다)

복습문제 제1과~제13과

1 ☐ 안에 알맞은 말을 써 넣어 보자.

① 紹介します。弟 ☐　たけしです。

② 誕生日祝い ☐　スカーフを　買いました。

③ あの　人は　働かないで　毎日　お酒 ☐ ☐ ☐　飲んで　います。

④ この　コートは　高いですね。20万円 ☐　します。

⑤ 日本語 ☐　できる　人は　いませんか。

⑥ これ ☐ ☐　持って　行けば　いいんですか。

⑦ 黒い　ペン ☐　青い　ペンで　書いて　ください。

⑧ 日本の　学生 ☐　ついて　いくのが　大変です。

⑨ 健康 ☐　ために　たばこを　やめました。

2 ( ) 안의 단어를 알맞은 형태로 고쳐 보자.

① あの　人が　たぶん＿＿＿＿＿＿と　思います。(田中先生)

② 午後　雨が＿＿＿＿＿＿かも　しれません。(降る)

③ これは　日本の　ディズニーランドで＿＿＿＿＿＿写真で
す。(撮る)

④ あちらで　電話を＿＿＿＿＿＿人が　鈴木さんです。(かける)

⑤ もう　すぐ　電車が＿＿＿＿＿＿時間です。(着く)

⑥ 日本語が　全然＿＿＿＿＿＿人でも　いいですか。(できる)

⑦ 雪が＿＿＿＿＿＿て　道が　すべりやすく　なって　いま
す。(降る)

⑧ 物価が＿＿＿＿＿＿て　住みにくいです。(高い)

⑨ この　部屋は＿＿＿＿＿＿で　勉強が　よく　できます。
(静かだ)

⑩ ＿＿＿＿＿＿で　入院して　います。(事故)

⑪ 前より　ずいぶん＿＿＿＿＿＿なりました。(便利だ)

⑫ はじめは　易しかったんですが、だんだん＿＿＿＿＿＿なりま
した。(難しい)

⑬ 私は　将来　有名な＿＿＿＿＿＿に　なりたいです。

（デザイナー）

⑭ A これ、＿＿＿＿＿そうですね。（おいしい）

B たくさん　食べて　ください。

⑮ 木村さんの　話では　あの　レストランの　とんカツは

とても＿＿＿＿＿そうです。（おいしい）

⑯ 久しぶりに　会ったんですが、彼は＿＿＿＿＿そうでした。

（元気だ）

⑰ 姉から　電話が　あったんですが、この間　生まれた　赤ちゃ

んは　とても＿＿＿＿＿そうです。（かわいい）

3 알맞은 것을 골라 보자.

① 停止　ボタンを　[ⓐ 押すと／ⓑ 押すなら]　止まります。

② 向こうに　[ⓐ 着くなら／ⓑ 着いたら]　電話して　ください。

③ シンチョンに　[ⓐ 行ったら／ⓑ 行くなら]　市庁で　乗り換えれば　いいですよ。

④ [ⓐ 急げば／ⓑ 急ぐと]　間に合うと　思います。

今 ちょうど
帰る ところです。

Key Expression

❶ 今 ちょうど 帰る ところです。
❷ ほかの 仕事を 探して いる ところなんです。
❸ 今 着いた ところです。

CD15

高橋　もしもし、田中さん。私、高橋です。

田中　あ、高橋さん。

高橋　まだ　お仕事 中 ですか。
　　　　　しごとちゅう

田中　いいえ、今　ちょうど　帰る　ところです。

高橋　ちょっと　相談したい　ことが　あるんですが、今日、
　　　　　　　　そうだん
　　　時間が　ありますか。

田中　ええ、大丈夫ですよ。どこで　会いましょうか。

高橋　いつもの　喫茶店は　どうですか。

田中　あそこは　ちょっと　うるさく　ありませんか。

高橋　そうですね。それじゃ、エルと　いう　喫茶店は　知って

　　　いますか。

田中　いいえ、知りませんが。

高橋　富士ビルは　知って　いるでしょう。あそこの　地下１階です。

田中　すみません。

　　　待ちましたか。

高橋　いいえ、私も　今　着いた　ところです。

高橋　実は、私、今　転職を　考えて　いるんです。

田中　えっ、今の　会社を　やめるんですか。

高橋　ええ。ほかの　仕事を　探して　いる　ところなんです。

田中　どうしてですか。

高橋　今の　会社は　仕事は　多いし、休みは　少ないし、給料も

　　　多く　ないんです。

田中　でも、将来性の　ある　会社じゃ　ありませんか。

高橋　それは　そうなんですが……。

Language Focus

1

A　まだ　お仕事中ですか。

B　いいえ、今　ちょうど　帰る　ところです。

① ちょうど　出かける　ところへ　電話が　かかって　きました。

② A　食事は　もう　しましたか。

　　B　いいえ、これから　食べる　ところです。

2

ほかの　仕事を　探して　いる　ところなんです。

① A　何を　して　いるんですか。

　　B　掃除を　して　いる　ところです。

② お客さんが　来るので　料理を　作って　いる　ところ
　　です。

3

A　待ちましたか。

B　いいえ、私も　今　着いた　ところです。

① A　いつ　始まったんですか。

　　B　今　始まった　ところです。

② A　木村さんは　帰ったんですか。

　　B　ええ、今　帰った　ところです。

4

A　いつもの　喫茶店は　どうですか。

B　あそこは　ちょっと　うるさく　ありませんか。

① A　営業部の　キムさん、会社を　辞めるそうですね。

　　B　ええ、**あの**　人は　結婚するそうです。

② A　駐車場に　あった　赤い　車は　だれのですか。

　　B　**あれは**　鈴木さんの　車ですよ。

③ A　新宿の　ハナと　いう　レストランで　会いましょうか。

　　B　**あそこは**　週末は　人が　多いから、予約しなければ
　　　ならないはずです。

＊ A　プリンス・ホテルの　コーヒーショップで　会いま
　　　しょうか。

　 B　**その**　ホテルは　どこに　あるんですか。

5

将来性の　ある　会社じゃ　ありませんか。

① きのうは　風の　強い　一日でした。

② あそこの　背の　高い　人が　イーさんです。

③ 私は　歌の　上手な　人が　好きです。

6　何階ですか。

1階	2階	3階	4階	5階
いっかい	にかい	**さんがい**	よんかい	ごかい
6階	7階	8階	9階	10階
ろっかい	ななかい	はっかい	きゅうかい	じゅっかい

Training

1 （　）안의 말을 알맞은 형태로 고쳐 보자.

① A おいしい　ケーキが　あるんですが、どうですか。

B いいえ、今　ご飯を＿＿＿＿＿ところですから。
（食べる）

おなかが　いっぱいです。

② A 何を　して　いるんですか。

B 今晩　パーティーが　あるので、料理を＿＿＿＿＿
（作る）

ところです。

③ A 帰りませんか。

B 私も　これから＿＿＿＿＿ところなんです。一緒に
（帰る）

行きましょう。

④ A 会議は　何時に　終わりますか。

B そうですね。少し　前に＿＿＿＿＿ところですから、
（始まる）

1時間は　かかると　思いますが。

2 대화 내용에 알맞은 말을 골라 보자.

① A どこで　会いましょうか。

B シンチョン駅は　どうですか。

A ［ あそこ / そこ ］は　ちょっと　人が　多いから、

ほかの　所に　しませんか。

② A 私の　クラスには　留学生が　一人　います。

B ［ あの / その ］　留学生は　どこの　国の　人ですか。

③ A きのう　着て　いた　コートは　どこで　買ったんですか。

B ああ、［ あれ / それ ］は　姉の　コートなんです。

④ A ピノキオ喫茶店で　会いませんか。

B ［ あの / その ］　喫茶店は　どこに　あるんですか。

A 富士銀行は　知って　いるでしょう。

B ええ。

A ［ あの / その ］　銀行の　隣の　建物の　2階です。

3 짧은글짓기

① 지금 막 도착해서 좀 피곤하군요.

▶ ____________________

② A 어제 파티에서 기모노를 입고 있던 사람은 누구입니까?

▶ ____________________

B 그 사람은 高橋 씨입니다.

▶ ____________________

③ A 어제 산 책을 지금 읽고 있는 중입니다.

▶ ____________________

B 아, 그 소설이군요.

▶ ____________________

Kotoba Bank

～ところです ～참입니다	かんが(考)える 생각하다
もしもし 여보세요	すく(少)ない 적다
おしごとちゅう(お仕事中) 일하시는 중	しょうらいせい(将来性) 장래성
そうだん(相談)する 의논하다	かかる (전화가) 걸리다, (시간이) 걸리다
あそこ (두 사람이 서로 알고 있는 장소)	ちゅうしゃじょう(駐車場) 주차장
거기	しんじゅく(新宿) 신주쿠 ▶ 일본 도쿄의
うるさい 시끄럽다	지명
ふじ(富士)ビル 후지 빌딩	つよ(強)い 강하다
ちか(地下) 지하	なんかい(何階) 몇 층
じつ(実)は 실은, 사실은	クラス(class) 클래스, 학급
てんしょく(転職) 전직	コート(coat) 코트, 외투

동 물

いぬ
犬 개

ねこ
猫 고양이

にわとり
鶏 닭

ぶた
豚 돼지

ねずみ 쥐

うし
牛 소

うま
馬 말

うさぎ 토끼

へび
蛇 뱀

とら
虎 호랑이

ひつじ
羊 양

さる
猿 원숭이

キムチチゲなら
作れます。

田中　韓国語は　発音が　難しいですね。
　　　　　はつおん

木村　そうですね。

田中　木村さん、これ、何と　読むんですか。

木村　どれですか。あ、それ、「サランヘヨ」と　読むんです。

田中　「サランヘヨ」って、どんな　意味ですか。

木村　「愛して　いるよ」と　いう　意味なんですよ。
　　　　あい

田中　そうですか。木村さんは、韓国語で　何でも　話せるでしょう。

木村　いいえ、まだまだです。簡単な　ことなら　話せますが、

　　　難しい　ことは　全然　だめです。

田中　韓国には　どのくらい　いたんですか。

木村　一年ぐらいです。

田中　じゃ、韓国料理も　作れますか。

木村　ええ、キムチチゲなら　作れます。

田中　キムチチゲ？

木村　あ、キムチで　作る　料理です。

田中　それじゃ、キムチも　食べられますか。

木村　ええ、大好きです。はじめは　辛くて　全然　食べられませんでしたが……。

　　　でも、だんだん　食べられるように　なりました。

　　　今は　キムチが　ないと、食事が　できない　くらいです。

田中　ところで、今度の　旅行に　木村さんも　行くんですか。

木村　いいえ、ちょっと　用事が　あって、ぼくは　行けないんです。
　　　　　　　　　　ようじ

Language Focus

1 動詞의 可能形・可能表現

1그룹動詞 (5段動詞)	行く ▶ 行ける(か　き　く　け　こ) 話す ▶ 話せる(さ　し　す　せ　そ) 読む ▶ 読める(ま　み　む　め　も) 入る ▶ 入れる(ら　り　る　れ　ろ)
2그룹動詞 (上1段・下1段動詞)	起きる ▶ 起きられる 食べる ▶ 食べられる 降りる ▶ 降りられる
3그룹動詞 (カ行変格動詞・サ行変格動詞)	来る ▶ 来(こ)られる する ▶ できる

2

A　韓国料理も　作れますか。

B　ええ、キムチチゲなら　作れます。

① A　日本語で　手紙が　書けますか。

　　B　はい、書けます。

② A　朝、早く　起きられますか。

　　B　いいえ、起きられません。

③ 生物は　食べられません。

④ 明日は　ちょっと　用事が　あって　来られませんが。

⑤ テニスは　少し　**できますが、水泳は　全然　できません。**

3　だんだん　食べられる**ように　なりました。**

① 結婚して　親の　心が　わかるように　なりました。

② 前は　運転が　できませんでしたが、今は　できるように
なりました。

③ 前より　字が　きれいに　書けるように　なりました。

④ 早く　日本語が　上手に　話せるように　なりたいですね。

Training

1 다음 문장을 보기와 같이 바꾸어 보자.

> 보기　日本語で　手紙を　書く。
>
> ▶ <u>日本語で　手紙が　書けますか。</u>

① キムチを　食べる。

▶ ______________________________________

② 韓国料理を　作る。

▶ ______________________________________

③ 朝　早く　起きる。

▶ ______________________________________

④ 一週間に　3回　来る。

▶ ______________________________________

⑤ 運転を　する。

▶ ______________________________________

2 (　　) 안의 단어를 알맞은 형태로 고쳐 보자.

① はじめは　刺し身が　だめでしたが、このごろは

______________ように　なりました。(食べる)

② 私の　子供は　1歳です。このごろ、＿＿＿＿＿＿＿＿よう
に　なりました。(歩く)

③ 前は　水泳が　できませんでしたが、今は＿＿＿＿＿＿＿
ように　なりました。(する)

④ 前は　日本語が　あまり　よく　できませんでしたが、
今は　上手に＿＿＿＿＿＿＿ように　なりました。(話す)

⑤ 前は　あまり　お酒は　飲めませんでしたが、このごろは
たくさん＿＿＿＿＿＿＿ように　なりました。(飲む)

3 짧은글짓기

① 일본어는 조금 할 수 있지만, 영어는
전혀 못합니다.

▶ ＿＿＿＿＿＿＿＿＿＿＿＿＿＿＿＿＿＿＿＿＿＿

② 그의 노래라면 뭐든지 부를 수 있습니다.

▶ ＿＿＿＿＿＿＿＿＿＿＿＿＿＿＿＿＿＿＿＿＿＿

③ 매우 열심히 연습해서 점차 잘 할 수 있게
되었습니다.

▶ ＿＿＿＿＿＿＿＿＿＿＿＿＿＿＿＿＿＿＿＿＿＿

Kotoba Bank

つく(作)れます 만들 수 있습니다	ようじ(用事) 볼일
はつおん(発音) 발음	なまもの(生物) 날것
なん(何)と 뭐라고	おや(親) 부모
あい(愛)する 사랑하다	こころ(心) 마음
なん(何)でも 뭐든지	まえ(前)は 전에는
どのくらい 어느 정도, 얼마 정도	

여러 가지 운동

うん どう
運動

운동

バスケットボール

농구

サッカー

축구

や きゅう
野球

야구

バレーボール

배구

スキー

스키

バドミントン

배드민턴

テニス

테니스

たっ きゅう
卓球

탁구

ボクシング

복싱

マラソン

마라톤

すもう

스모

日本の　歴史を　研究しようと　思って　います。

CD 17

私の　家族は　6人で、私は　4人兄弟の　3番目です。

明るくて、積極的な　性格です。

趣味は　映画を　見る　ことと　スポーツです。

アメリカの　映画と　サッカーが　とくに　好きです。

私は　今、プサンに　ある　韓国大学の　4年生です。

大学では　歴史学を　専攻して　います。

大学を　卒業した　後、大学院に　進む　つもりです。

大学院では、日本の　歴史を　研究しようと　思って　います。

大学院の　試験は　12月に　あります。面接も　あります。

面接は、英語か　日本語の　インタビューです。

私は　英語には　自信が　ありますが、日本語には　ちょっと
　　　　　　　　じしん
自信が　ありません。それで、来月から　日本語学校に　通う
　　　　　　　　　　　　　　　　　　にほんごがっこう　　　かよ
ことに　しました。

また、先輩に　会って、試験に　ついて　いろいろ　聞いて

みようと　思って　います。

大学院を　卒業したら、日本へ　留学しようと　思って　います。

日本で　生活しながら、生きて　いる　日本語を　習いたいし、
　　　　　　　　　　　　い
日本文化も　体験して　みたいです。とても　いい　勉強に
　　　　　たいけん
なると　思います。

日本から　帰ったら、母校で　教えたいです。
　　　　　　　　ぼこう
この　夢を　実現するために、一生懸命　努力する　つもりです。
　　　ゆめ　　じつげん　　　　　　いっしょうけんめい　どりょく

Language Focus

1 動詞의 ～(よ)う形(意志形)

1그룹動詞 (5段動詞)	行く ▶ 行こう(か き く け こ) 習う ▶ 習おう(わ い う え **お**) なる ▶ なろう(ら り る れ **ろ**) 話す ▶ 話そう(さ し す せ **そ**)
2그룹動詞 (上1段・下1段動詞)	見る ▶ 見よう 出る ▶ 出よう 食べる ▶ 食べよう
3그룹動詞 (カ行変格動詞・サ行変格動詞)	来る ▶ 来(こ)よう する ▶ しよう

2 日本の 歴史を 研究しようと 思って います。

① A 鈴木さんが 交通事故で 入院して いるそうですね。

 B ええ、私は 明日 お見舞いに **行こうと 思って**
 いるんですが、一緒に 行きませんか。

② もう 少し **待とうと** 思って います。

③ もっと **がんばろうと** 思って います。

3　大学を　卒業した　後、大学院に　進む　つもりです。

① 来年　結婚する　つもりです。

② 学校を　辞めて　就職する　つもりです。

③ 来月から　中国語を　習う　つもりです。

4　来月から　日本語学校に　通う　ことに　しました。

① 今年から　たばこを　やめる　ことに　しました。

② A 鈴木さんも　行くんですか。

　　B いいえ、私は　行かない　ことに　しました。

③ 体の　ために　毎朝　牛乳を　飲む　ことに　して　います。

④ 毎日　1時間ぐらい　本を　読む　ことに　して　います。

Training

1 （　）안의 말을 사용하여 질문에 답해 보자.

① A 大学を　卒業した　後、どうするんですか。
　　　　（大学院に　進む）

　　B ____

② A いつ　結婚するんですか。（来年の　3月）

　　B ____

③ A 卒業旅行に　行きますか。（いいえ）

　　B ____

④ A 大学で　何を　勉強するんですか。（日本文学）

　　B ____

2 보기와 같이 두 문장을 한 문장으로 만들어 보자.

보기　今年から　たばこを　止めます。そう　決めました。
　　　▶ 今年から　たばこを　止める　ことに　しました。

① 私は　行きません。そう　決めました。

　　▶ ____

② 来月から　日本語を　習います。そう　決めました。

▶ ____

③ これから　お酒は　飲みません。そう　決めました。

▶ ____

④ 会社を　辞めます。そう　決めました。

▶ ____

3 짧은글짓기

① 나는 이번 여름 휴가에 제주도에 가려고
생각하고 있습니다.

▶ ____

② 토요일 오후, 친구의 결혼식에 갈 예정입니다.

▶ ____

③ 올 겨울에는 친구들과 스키를 배우기로
했습니다.

▶ ____

Kotoba Bank

れきし(歴史) 역사	じしん(自信) 자신
けんきゅう(研究)する 연구하다	かよ(通)う 다니다
～ようと おも(思)う ～하려고 하다,	～ことに する ～하기로 하다
～하려고 생각하다	い(生)きる 살다(생존하다), 생동하다
あか(明)るい 밝다, 명랑하다	ぶんか(文化) 문화
せっきょくてき(積極的)だ 적극적이다	たいけん(体験)する 체험하다
せいかく(性格) 성격	ぼこう(母校) 모교
とくに 특히	ゆめ(夢) 꿈
～ねんせい(～年生) ～학년생	じつげん(実現)する 실현하다
よねんせい(4年生) 4학년생	いっしょうけんめい(一生懸命)
れきしがく(歴史学) 역사학, 사학	열심히
だいがくいん(大学院) 대학원	どりょく(努力)する 노력하다
～つもりだ ～할 작정이다, ～할 예정이다	ちゅうごくご(中国語) 중국어
めんせつ(面接) 면접	

Japanese Box

조수사1

	~つ ~개	~人 ~명, ~사람	~台 ~대	~杯 ~잔	~本 ~병, ~자루	~枚 ~장
1	一つ ひとつ	一人 ひとり	一台 いちだい	一杯 いっぱい	一本 いっぽん	一枚 いちまい
2	二つ ふたつ	二人 ふたり	二台 にだい	二杯 にはい	二本 にほん	二枚 にまい
3	三つ みっつ	三人 さんにん	三台 さんだい	三杯 さんばい	三本 さんぼん	三枚 さんまい
4	四つ よっつ	四人 よにん	四台 よんだい	四杯 よんはい	四本 よんほん	四枚 よんまい
5	五つ いつつ	五人 ごにん	五台 ごだい	五杯 ごはい	五本 ごほん	五枚 ごまい
6	六つ むっつ	六人 ろくにん	六台 ろくだい	六杯 ろっぱい	六本 ろっぽん	六枚 ろくまい
7	七つ ななつ	七人 しちにん／ななにん	七台 ななだい	七杯 ななはい	七本 ななほん	七枚 ななまい
8	八つ やっつ	八人 はちにん	八台 はちだい	八杯 はっぱい	八本 はっぽん	八枚 はちまい
9	九つ ここのつ	九人 きゅうにん	九台 きゅうだい	九杯 きゅうはい	九本 きゅうほん	九枚 きゅうまい
10	十 とお	十人 じゅうにん	十台 じゅうだい	十杯 じゅっぱい	十本 じゅっぽん	十枚 じゅうまい
11	十一 じゅういち	十一人 じゅういちにん	十一台 じゅういちだい	十一杯 じゅういっぱい	十一本 じゅういっぽん	十一枚 じゅういちまい
12	十二 じゅうに	十二人 じゅうににん	十二台 じゅうにだい	十二杯 じゅうにはい	十二本 じゅうにほん	十二枚 じゅうにまい
몇?	いくつ	何人 なんにん	何台 なんだい	何杯 なんばい	何本 なんぼん	何枚 なんまい
예	과일, 책상, 핸드백…	사람	차, TV, 냉장고, 기계…	컵에 담긴 음료수, 밥…	연필, 볼펜 우산, 병…	종이, 접시…

通訳で 行く ことに なったんです。
つう やく

CD18

木村　お待たせしました。
　　　ま

高橋　いいえ、私も　来たばかりです。忙しそうですね。

木村　ええ。あさってから、ホンコンへ　出張です。

高橋　またですか。きのう、帰って　きたばかりじゃ　ないですか。

木村　ええ。あさっては　社長の　通訳で　行く　ことに　なったんです。
　　　　　　　　　　　　　　　　　　つうやく

高橋　いつ　帰って　くるんですか。

木村　インドネシアにも　行く　ことに　なって　いるので、一週間は

　　　かかると　思います。

高橋　うわさに　よると、ホンコン支社の　副社長 は　女性だそうですが。
　　　　　　　　　　　　　　　　ししゃ　　　ふくしゃちょう　　じょせい

木村　ええ、この　業界では　ベテランだそうですよ。
　　　　　　　　ぎょうかい

高橋　そうですか。簡単に　決まったんですか。

木村　いいえ、反対する　人も　たくさん　いたらしいんです。
　　　　　　はんたい

高橋　どうしてですか。

木村　理由は　いろいろ　あったらしいです。でも、女性と　いうのが
　　　りゆう
　　　一番　大きい　理由だったらしいですよ。

高橋　それは　男女差別じゃ　ないですか。
　　　　　　だんじょ さ べつ

木村　そうかも　しれませんが……。

高橋　ＡＢ社も、この前　女性が　社長に　なったばかりですよ。

木村　それは　知って　います。仕事の　能力が　あるから、ホンコン
　　　　　　　　　　　　　のうりょく
　　　支社でも　女性が　副社長に　なったんだと　思いますよ。

高橋　その　女性、結婚して　いるんですか。

木村　ええ。小学生の　お子さんも　二人　いるらしいですよ。
　　　　　しょうがくせい

高橋　すごい　キャリア・ウーマンですね。

Language Focus

1 社長の　通訳で　行く　ことに　なったんです。

① 母が　病気で　国へ　帰る　ことに　なりました。

② 大阪支社へ　転勤する　ことに　なりました。

③ カメラなどは　持って　入れない　ことに　なって　います。

④ ここでは　靴を　脱ぐ　ことに　なって　います。

2 私も　来たばかりです。

① A　失礼ですが、結婚して　いますか。
　　B　ええ、先月　結婚したばかりです。

② A　鈴木さん、ケーキ　食べませんか。
　　B　ご飯を　食べたばかりですから、後で　いただきます。

③ 生まれたばかりの　赤ちゃんは　一日中　寝たり
　　食べたり　します。

3 反対する　人も　たくさん　いたらしいです。

① 明日から　寒く　なるらしいですよ。

② 木村さんは　今日も　残業らしいですよ。

③ あの　店は　おいしく　ないらしいですよ。

④ 高橋さんが　会社を　辞めるらしいですよ。

Training

1 문맥에 알맞은 말을 골라 보자.

① A カメラを　持って　入っても　いいですか。
　 B すみません。カメラは　持って　入れない

　　　ⓐ ことに　して　います。
　　　ⓑ ことに　なって　います。

② 今年からは　健康の　ために　お酒と　たばこを　やめる

　　　ⓐ ことに　しました。
　　　ⓑ ことに　なりました。

③ 危ないので　7歳以下の　子供は　乗れない

　　　ⓐ ことに　して　います。
　　　ⓑ ことに　なって　います。

④ 大阪から　帰って　きたばかりですが、仕事で　また
　 大阪へ　行く　　ⓐ ことに　しました。
　　　　　　　　　ⓑ ことに　なりました。

2 보기와 같이 말해 보자.

보기　5分　前に　着きました。▶ 着いた　ばかりです。

① 先月　結婚しました。

　▶ _______________________________

② 1か月　前に　生まれました。

    ▶ ＿＿＿＿＿＿＿＿＿＿＿＿＿＿＿＿＿＿＿

③ 1時間　前に　ご飯を　食べました。

    ▶ ＿＿＿＿＿＿＿＿＿＿＿＿＿＿＿＿＿＿＿

④ 少し　前に　来ました。

    ▶ ＿＿＿＿＿＿＿＿＿＿＿＿＿＿＿＿＿＿＿

3 「らしい」를 사용하여 문장을 완성해 보자.

① 明日は　雨が＿＿＿＿＿＿＿＿＿＿ですよ。
                （降る）

② 高橋さんの　ご主人は＿＿＿＿＿＿＿＿＿です。
              （アメリカ人）

③ 鈴木さんは　スキーが＿＿＿＿＿＿＿＿＿です。
             （上手だ）

4 짧은글짓기

① 결혼해서 경주로 이사하게 되었습니다.

▶ _______________________________________

② 소문에 의하면 木村 씨는 담배를 끊은 모양입니다.

▶ _______________________________________

③ 일본어학교에 다닌 지 얼마 안 되어 아직 히라가나밖에 모릅니다.

▶ _______________________________________

Kotoba Bank

つうやく(通訳) 통역	～らしい ～인 모양이다
～ことに なる ～하기로 되다	りゆう(理由) 이유
おま(お待)たせしました 오래 기다리셨습니다	だんじょ(男女) 남녀
～たばかりです 막 ～했습니다	さべつ(差別) 차별
ホンコン(Hong Kong) 홍콩	のうりょく(能力) 능력
インドネシア(Indonesia) 인도네시아	しょうがくせい(小学生) 초등학생
うわさ 소문	すごい 굉장하다, 훌륭하다, 멋지다
～に よると ～에 의하면	キャリア・ウーマン(career woman) 커리어 우먼, 직업여성
ししゃ(支社) 지사	びょうき(病気) 병
ふくしゃちょう(副社長) 부사장	てんきん(転勤)する 전근하다
じょせい(女性) 여성	くつ(靴) 구두
ぎょうかい(業界) 업계	ぬ(脱)ぐ 벗다
ベテラン(veteran) 베테랑, 노련한 사람	アメリカじん(人) 미국사람
はんたい(反対)する 반대하다	

毎日　料理も　作って　くれるんです。

CD19

パク　　佐藤さん、知り合いが　コンサートの　チケットを　くれたんで
　　　　すが、要りませんか。

佐藤　　どんな　コンサートですか。

パク　　ジャズコンサートです。

佐藤　　ジャズは　大好きです。もらっても　いいんですか。

パク　　はい、もちろん。

佐藤　　あのう、もう　一枚　いいですか。

パク　　はい、どうぞ。たくさん　ありますから。

パク　　その　箱は　何ですか。

佐藤　　これですか。姉に　あげる　ブラウスなんです。

　　　　いつも　姉に　掃除や　洗濯を　して　もらって　いるので、

　　　　時々　プレゼントを　するんです。

パク　　へえ、お姉さんが　掃除や　洗濯を　して　くれるんですか。

佐藤　　ええ、毎日　料理も　作って　くれるんですよ。

　　　　パクさん、それ　すてきな　ネックレスですね。

パク　　そうですか。ありがとう。これ、主人に　買って　もらったんです。

　　　　実は、きのうが　私たちの　結婚記念日だったんですよ。

佐藤　　そうですか。おめでとうございます。

パク　　ゆうべは、久しぶりに　すてきな　レストランで　食事を　したん

　　　　ですよ。

佐藤　　ご主人は、どんな　方ですか。

パク　　優しい　人です。私が　疲れて　いる　ときは　掃除を　して

　　　　くれたり、お皿を　洗って　くれたり　します。

佐藤　　へえ。いい　ご主人ですね。

Language Focus

1　姉に　あげる　ブラウスなんです。

① 私は　佐藤さんに　靴の　割引券を　あげました。

② パクさんは　高橋さんに　旅行の　時の　写真を
あげました。

2　もう　一枚　もらっても　いいですか。

① 私は　友達に　誕生日の　プレゼントを　もらいました。

② 店員は　お客さんに　チップを　もらいました。

③ （イーさんは）　バレンタイン・デーに　彼女から
チョコレートを　もらいましたか。

3　知り合いが　コンサートの　チケットを　くれたんです。

① 友達が　（私に）　ブローチを　くれました。

② 鈴木さんは　私の　弟に　テニスの　ラケットを
くれました。

③ A　その　ウォークマン、買ったんですか。
　　B　いいえ、兄が　くれたんです。

4 私は　弟の　宿題を　手伝って　あげました。

① 木村さんは　パクさんを　家まで　送って　あげました。

② 私は　妹に　スカーフを　買って　あげました。

5 姉に　掃除や　洗濯を　して　もらって　います。

① 弟は　高橋さんに　日本語を　教えて　もらいました。

② 私は　佐藤さんに　東京都内を　案内して　もらいました。

6 主人が　掃除を　して　くれたり、
お皿を　洗って　くれたり　します。

① 鈴木さんは　私に　時計を　買って　くれました。

② キムさんが　キムチを　作って　くれました。

③ 木村さんが　親切に　説明して　くれました。

Training

1 「あげる」,「もらう」,「くれる」를 사용하여 문장을 완성해 보자.

① **キム** ──チョコレート──▶ **私**

　　キムさんは　私に　チョコレートを＿＿＿＿＿＿ました。

　　私は　キムさんに　チョコレートを＿＿＿＿＿＿ました。

② **佐藤** ──プレゼント──▶ **イー**

　　佐藤さんは　イーさんに　誕生日の　プレゼントを
　　＿＿＿＿＿＿ました。

　　イーさんは　佐藤さんに　誕生日の　プレゼントを
　　＿＿＿＿＿＿ました。

③ **姉** ──スカーフ──▶ **私**

　　A　その　スカーフ、買ったんですか。
　　B　いいえ、姉が＿＿＿＿＿＿んです。
　　B' いいえ、姉に＿＿＿＿＿＿んです。

④ **鈴木** ──セーター──▶ **私の　妹**

　　鈴木さんは　私の　妹に　セーターを＿＿＿＿＿ました。

　　私の　妹は　鈴木さんに　セーターを＿＿＿＿＿ました。

2 「〜て　あげる」,「〜て　もらう」,「〜て　くれる」를 사용하여
문장을 완성해 보자.

① （送る）

木村さんは　パクさんを　家まで＿＿＿＿＿ました。

パクさんは　木村さんに　家まで＿＿＿＿＿ました。

② （洗う）

時々　主人が　お皿を＿＿＿＿＿＿＿＿ます。

時々　主人に　お皿を＿＿＿＿＿＿＿＿ます。

③ （買う）

田中先生が　息子に　アイスクリームを＿＿＿＿＿
ました。

息子は　田中先生に　アイスクリームを＿＿＿＿＿
ました。

④ （買う）

母の　誕生日に　ブローチを＿＿＿＿＿＿ました。

3 짧은글짓기

① 高橋 씨에게 すきやき 만드는 법을 가르쳐 받았습니다.

▶ _______________________________________

② 김미라 씨가 스웨터를 사 주었습니다.

▶ _______________________________________

③ 친구가 누이동생에게 준 책은 일본어 책이었다.

▶ _______________________________________

Kotoba Bank

し(知)りあ(合)い 아는 사람	けっこんきねんび(結婚記念日) 결혼기념일
コンサート(concert) 콘서트	
チケット(ticket) 티켓, 표	ゆうべ 어제 저녁, 어젯밤
くれる (남이 나에게) 주다	やさ(優)しい 다정하다, 자상하다
い(要)る 필요하다	わりびきけん(割引券) 할인권
ジャズ(jazz) 재즈	てんいん(店員) 점원
もらう (남에게서) 받다	チップ(tip) 팁
もちろん 물론	バレンタイン・デー(Valentine's Day)
はこ(箱) 상자	발렌타인 데이
あげる (남에게) 주다	チョコレート(chocolate) 초콜릿
ブラウス(blouse) 블라우스	ブローチ(brooch) 브로치, 장식핀
ときどき(時々) 가끔, 때때로	ラケット(racket) 라켓
へえ 어▶ 감탄하거나 놀랐을 때 또는 어이	しゅくだい(宿題) 숙제
없을 때 내는 소리	とうきょうとない(東京都内) 도쿄도내
ネックレス(necklace) 네크리스, 목걸이	せつめい(説明)する 설명하다
ネックレスを する 목걸이를 하다	

気を つけて いたのに すべって しまったんです。

CD20

佐藤　イーさん、どうしたんですか。

イー　いいえ、何でも ありません。ちょっと 転んで しまったんです。

佐藤　けがは ありませんか。

イー　ええ、大丈夫です。

佐藤　道が 凍って いるので、注意しないと 危ないですよ。

イー　気を つけて いたのに、すべって しまったんです。

佐藤　ハンさんは　まだですか。

イー　ええ、ここで　30分も　待って　いたのに、まだ

　　　来ないんです。

佐藤　そうですか。忘れて　しまったんでしょうか。

イー　家には　いないようですよ。電話して　みたんですが、

　　　だれも　出ないんです。

佐藤　そうですか。それじゃ、もう　行きましょうか。

佐藤　お母さん、こちら、韓国の

　　　イーさん。

イー　はじめまして。イーと　申します。

　　　よろしく　お願いします。

母　　イーさんの　お話は　いつも

　　　健一から　聞いて　います。

　　　今日は　ゆっくり　遊んで　いって　くださいね。

イー　今日は、ごちそうさまでした。

母　　あ、また　遊びに　来て　くださいね。

佐藤　それじゃ、お母さん、行って　きます。

母　　行ってらっしゃい。

Language Focus

1

30分も　待って　いた<u>のに</u>　まだ　こないんです。

① さっき　昼ご飯を　食べた**のに**　もう　おなかが　すき
　ました。

② 若い**のに**　力が　ありませんね。

③ 彼は　歌が　上手な**のに**　人前では　あまり　歌いません。

④ 病気な**のに**　学校へ　行きました。

2

A　どうしたんですか。

B　ちょっと　**転んで**　しまったんです。

① 気を　つけて　いたのに　すべって　しまいました。

② 覚えて　いたのに、忘れて　しまいました。

③ おなかが　すいて　いたので、全部　食べて　しまいま
　した。

④ 1万円ぐらい　あったんですが、使って　しまいました。

Training

1 문맥에 알맞은 것을 골라 보자.

① よく　わからない　[ので / のに]　先生に　聞きました。

② もう　夜な　[ので / のに]　まだ　帰って　きませんね。

③ 毎日　薬を　飲んで　いる　[ので / のに]　少しも　よく

なりません。

④ 明日　試験が　ある　[ので / のに]　勉強して　います。

⑤ おいしい　[ので / のに]　どうして　食べないんですか。

⑥ あの　人は　いつも　元気な　[ので / のに]　今日は　元気が

ありませんね。

2 「～て　しまう」를 사용하여 문장을 완성해 보자.

① 学生の　名前を　全部＿＿＿＿＿＿＿＿＿＿ました。
（覚える）

② 無理を　して＿＿＿＿＿＿＿＿＿＿ました。
（病気に　なる）

③ ＿＿＿＿＿＿＿＿＿＿て、旅行に　行けませんでした。
（風邪を　ひく）

④ とても　おもしろくて　ご飯も　食べないで
＿＿＿＿＿＿＿＿＿＿ました。
（読む）

3 짧은글짓기

① 1년이나 일본어를 공부했는데도 좀처럼
능숙해지지 않습니다.

▶ ＿＿＿＿＿＿＿＿＿＿＿＿＿＿＿＿＿

② 목이 말라서 주스 한 병을 다 마셔 버렸습니다.

▶ ＿＿＿＿＿＿＿＿＿＿＿＿＿＿＿＿＿

③ 수업이 시작된 지 10분이 지났는데도
아직 아무도 오지 않았다.

▶ ＿＿＿＿＿＿＿＿＿＿＿＿＿＿＿＿＿

き(気) 마음, 주의	▶「い(言)う」의 겸양어
〜のに ~는데도	よろしく おねがいします 잘 부탁드
すべ(滑)る 미끄러지다	립니다 ▶ 처음 만났을 때 사용하는
〜て しまう ~해 버리다, ~하고 말다	관용적인 인사말이며, 남에게 무엇을
どうしたんですか 어떻게 된 겁니까?,	부탁할 때에도 사용한다.
왜 그러세요?	ごちそうさまでした 잘 먹었습니다
なん(何)でも ありません 아무 것도	い(行)ってきます 다녀 오겠습니다
아닙니다	い(行)っていらっしゃい 다녀 오세요
ころ(転)ぶ 넘어지다, 자빠지다	▶ 줄여서「いってらっしゃい」라고 하
けが 상처	는 경우가 많다.
こお(凍)る 얼다	ちから(力) 힘
ちゅうい(注意)する 주의하다	いちまんえん(1万円) 만 엔
もう(申)す 말씀드리다, 여쭙다	

今週も 忙しく なりそうです。

CD21 佐藤の母　佐藤で ございます。

木村　もしもし、夜 遅く すみませんが、健一くんを
おねがいします。

佐藤の母　失礼ですが、どちらさまですか。

木村　あ、木村と 申します。

佐藤の母　木村さんですね。 少 々 お待ちください。

木村　佐藤くん、木村です。実は 26日の 忘年会、出られそうに
ないんです……。

佐藤　急用でも できたんですか。

木村 急用は　ないんですが、年末（ねんまつ）なので、今週も　忙しく
なりそうなんです。

佐藤 そうですか。出られないんですか。残念ですね。

木村 ぼくも　そうです。楽しみに　して　いたのに。

佐藤 あ、木村さん、この前、お見合い（みあ）を　したそうですね。
どうですか。うまく　いきそうですか。

木村 さあ、好きな　タイプですけど、しばらくは　結婚でき
そうも　ありませんよ。

佐藤 どうしてですか。

木村 毎日　忙しくて、デートする　時間も　ないんですよ。
ところで、佐藤くんの　論文（ろんぶん）は　進んで　いますか。

佐藤 ええ、何（なん）とか　締め切り（しき）までには　間に合い（まあ）そうです。

木村 がんばって　ください。それじゃ、みなさんに　よろしく
お伝えください。おやすみなさい。

佐藤 はい。
おやすみなさい。

Language Focus

1 忙しく　なりそうです。

① 雨が　降りそうですから　傘を　持って　いって　ください。

② A　間に合うでしょうか。

　　B　ええ、タクシーで　行けば　間に合いそうです。

③ 会議は　もう　すぐ　終わりそうです。

④ 今日は　ちょっと　無理ですが、明日なら　行けそうです。

2 しばらくは　結婚できそうも　ありません。

① 今から　行っても　間に合いそうも　ありません。

② この　仕事は　すぐ　終わりそうも　ありません。

③ A　忘年会に　出ますか。

　　B　私、ちょっと　出られそうも　ないんです。

④ 今晩は　暑くて　眠れそうも　ありません。

3　少々　お待ちください。

① こちらに　お名前と　お所を　**お書きください**。

② 一日　3回　食後に　**お飲みください**。

③ 電話は　これを　**お使いください**。

④ A　どうぞ、**お乗りください**。

　　B　いいえ、けっこうです、私は　電車の　ほうが
　　　　便利です。

4　何とか　締め切りまでには　間に合いそうです。

① レポートは　今週の　金曜日までに　出せば　いいんです。

② A　この　本は　いつごろ　返せば　いいでしょうか。
　　B　今月の　末までには　返して　ください。

③ 明日の　午前　12時までに　届けて　ください。

＊　8時まで　会社に　います。
（▶ 8시까지 계속 회사에 있음）

　8時までに　会社に　電話して　ください。
（▶ 8시까지, 그 안이라면 언제든지 전화해도 괜찮음）

Training

1 보기와 같이 「〜そうです」를 사용하여 문장을 완성해 보자.

> **보기**　雨が　降りそうですね。
> 　　　　　　（降る）

① A　間に合うでしょうか。

　 B　ええ。急げば________________。
　　　　　　　　　　（間に合う）

② A　木村さんも　明日　ディズニーランドへ　行くんですか。

　 B　行きたいんですが、忙しくて________________。
　　　　　　　　　　　　　　　　（行ける）

③ A　試験は　どうでしたか。

　 B　難しくて　今度も________________よ。
　　　　　　　　　　　　　（受かる）

④ A　今度　給料を　もらったら　冷蔵庫を　買う　つもり
　　　です。

　 B　そうですか。これ、まだ____________ですけど。
　　　　　　　　　　　　　　（使える）

2 그림을 보고 ______에 알맞은 문장을 써 넣어 보자.

①  ▶ どうぞ________________

②  ▶ どうぞ

③  ▶ どうぞ

④  ▶ どうぞ

3 짧은글짓기

① 오늘 퇴원하니까 내일은 회사에 갈 수 있을 것 같습니다.

▶

② 이달 말까지는 따뜻해질 것 같지도 않습니다.

▶

③ 일본에서의 생활에 대해 말씀해 주십시오.

▶

Kotoba Bank

～そうです ~할 것 같습니다	ろんぶん(論文) 논문
～で ございます ~입니다	すす(進)む 진척되다, 진행되다
▶「～です」보다 정중한 표현	なん(何)とか 어떻게 해서라도, 그럭
どちらさま 어느 분, 누구	저럭
しょうしょう(少々) 잠시	しめきり(締め切り) 마감, 마감 날짜
おま(お待)ちください 기다려 주십시오	(시간)
ぼうねんかい(忘年会) 망년회	ま(間)にあ(合)う 시간에 대다
きゅうよう(急用) 급한 볼일	よろしく おつた(お伝)えください
きゅうよう(急用)が できる	안부 전해 주세요
급한 볼일이 생기다	おやす(お休)みなさい 안녕히 주무세요,
ねんまつ(年末) 연말	안녕히 계세요, 안녕히 가세요
おみあい(お見合い) 맞선	おなまえ(お名前) 성함
うまい 좋다, 그럴싸하다	おところ(お所) (남의) 주소
うまく いく 잘 되다, 잘 되어 가다	かえ(返)す (빚 등을) 갚다, 돌려 주다
しばらくは 당분간은	すえ(末) (기간의) 말, 끝
デート(date)する 데이트하다	とど(届)ける 배달하다

Japanese Box

조수사2

	～回 ～번, ～회	～階 ～층	～個 ～개	～足 ～켤레	～冊 ～권	～匹 ～마리
1	一回 いっかい	一階 いっかい	一個 いっこ	一足 いっそく	一冊 いっさつ	一匹 いっぴき
2	二回 にかい	二階 にかい	二個 にこ	二足 にそく	二冊 にさつ	二匹 にひき
3	三回 さんかい	三階 さんがい	三個 さんこ	三足 さんぞく	三冊 さんさつ	三匹 さんびき
4	四回 よんかい	四階 よんかい	四個 よんこ	四足 よんぞく	四冊 よんさつ	四匹 よんひき
5	五回 ごかい	五階 ごかい	五個 ごこ	五足 ごそく	五冊 ごさつ	五匹 ごひき
6	六回 ろっかい	六階 ろっかい	六個 ろっこ	六足 ろくそく	六冊 ろくさつ	六匹 ろっぴき
7	七回 ななかい	七階 ななかい	七個 ななこ	七足 ななそく	七冊 ななさつ	七匹 ななひき
8	八回 はっかい	八階 はっかい	八個 はっこ	八足 はっそく	八冊 はっさつ	八匹 はっぴき
9	九回 きゅうかい	九階 きゅうかい	九個 きゅうこ	九足 きゅうぞく	九冊 きゅうさつ	九匹 きゅうひき
10	十回 じゅっかい	十階 じゅっかい	十個 じゅっこ	十足 じゅっそく	十冊 じゅっさつ	十匹 じゅっぴき
몇?	何回 なんかい	何階 なんがい	何個 なんこ	何足 なんぞく	何冊 なんさつ	何匹 なんびき
예	횟수를 셀 때	건물의 층을 셀 때	작은 물건을 셀 때(사과, 감, 사탕, 과자…)	구두, 양말을 셀 때	책, 사전, 잡지 등을 셀 때	작은 동물이나 물고기 등을 셀 때

古い　家具を
さしあげます。
ふる　　かぐ

CD22

パソコンを　安く　売ります。
　　　　　　　　　う

古い　家具（ベッド、机 と　椅子、洋服だんす）を　さしあげます。
ふる　　かぐ　　　　　つくえ　いす

TEL. 03-3451-1202、高橋

ハン　もしもし、高橋さんの　お宅ですか。

高橋　はい、そうです。

ハン　私 、ハンと　申します。学校の　掲示板で　見たんです
　　　わたくし　　　　　　　　　　　けいじばん
　　　が、パソコンは　どこの　会社のですか。

高橋　IBMの　去年の　モデルなんですが。
　　　　　きょねん

ハン　いくらぐらいで　売って　いただけるんですか。

高橋　5万円ぐらいは　いただきたいんですが。

ハン　5万円ですか。それ、私に　売って　いただけませんか。
　　　　　　わたし

高橋　ええ。いいですよ。それじゃ、明日の　午後、取りに　来て
　　　　　　　　　　　　　　　　　　　　　　と
　　　ください ませんか。

ハン　わかりました。住所を　教えて　ください。
　　　　　　　　　　じゅうしょ

ハン　失礼します。

高橋　どうぞ、こちらへ。この　辺は　はじめてですか。
　　　　　　　　　　　　　　　へん

ハン　はい。でも、道を　詳しく　教えて　くださったので、
　　　　　　　　　　　くわ
　　　迷いませんでした。
　　　まよ

高橋　そうですか。パソコンは　これです。

ハン　まだ　新しいですね。

　　　それから、できれば　古い　家具も　いただきたいんですが。

高橋　ええ、どうぞ。

Language Focus

1 古い　家具を　さしあげます。

① 私は　田中先生に　おみやげを　さしあげました。

② お礼に　何を　さしあげれば　いいでしょうか。

2 おばあさんに　道を　案内して　さしあげました。

① 鈴木社長に　韓国の　お酒を　送って　さしあげました。

3 家具は　私が　いただきたいんですが。

① 高橋さんに　誕生日の　プレゼントを　いただきました。

② キムさんから　お手紙を　いただきました。

4 いくらぐらいで　売って　いただけるんですか。

① 私は　先生に　本を　貸して　いただきました。

② パクさんに　手伝って　いただきました。

③ すみません。ちょっと　両替して　いただきたいんですが。

④ 今度は　イーさんに　一曲　歌って　いただきたいと
　　思います。

5 鈴木さんが　お年玉を　くださいました。

① A　これは　ハンさんの　着物ですか。
　　B　ええ、佐藤さんの　お母さんが　くださったんです。

6 道を　詳しく　教えて　くださった。

① 木村さんは　私を　家まで　送って　くださいました。

② 田中先生が　日本の　歌を　教えて　くださいました。

③ わざわざ　来て　くださって、ありがとうございます。

7 売って　いただけませんか。

① これを　田中さんに　渡して　いただけませんか。

② 秘密に　して　いただけませんか。

③ もう　少し　大きく　して　いただけませんか。

④ この　ビデオカメラの　使い方を　教えて　いただけま
せんか。

＊「〜て　いただけませんか」는「〜て　くださいませんか」보다 더 공손한
표현이다.

Training

1 「さしあげる」,「いただく」,「くださる」를 사용하여 문장을 완성해 보자.

① 田中先生が　日本の　歌を　教えて＿＿＿＿＿ました。

　田中先生に　日本の　歌を　教えて＿＿＿＿＿ました。

② 鈴木さんに　お年玉を＿＿＿＿＿ました。

　鈴木さんが　お年玉を＿＿＿＿＿ました。

③ パクさんに　手伝って＿＿＿＿＿て、本当に　助かりました。

　パクさんが　手伝って＿＿＿＿＿て、本当に　助かりました。

④ 日本で　お世話に　なった　方に　何か　送って＿＿＿＿＿＿＿たいんですが、何が　いいでしょうか。

⑤ すみません。ちょっと　両替して＿＿＿＿＿たいんですが。

⑥ 今度は　イーさんに　一曲　歌って＿＿＿＿＿たいと　思います。

2 그림을 보고 보기와 같이 말해 보자.

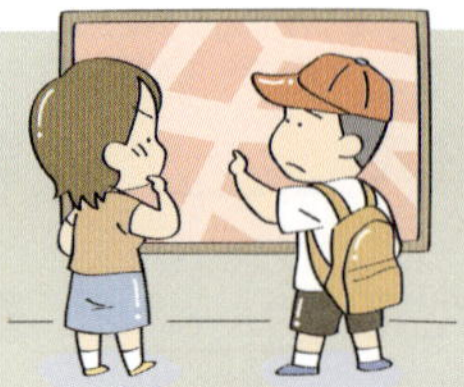

（教える）

▶ すみませんが、ちょっと　教えて いただけませんか。

① （撮る）

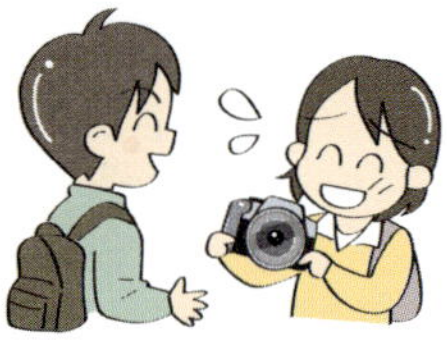

▶ ___________________________

② （手伝う）

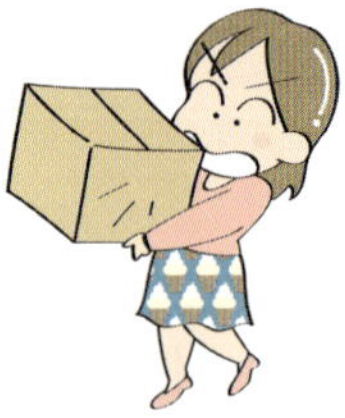

▶ ___________________________

③ （押す）

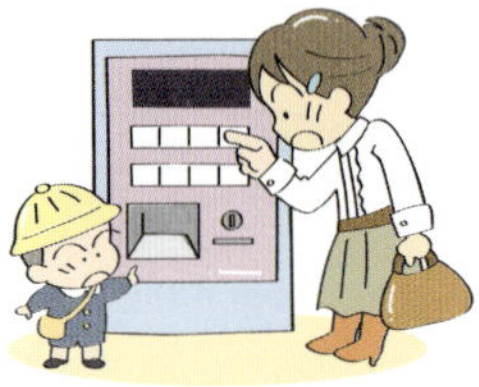

▶ ___________________________

3 짧은글짓기

① 田中 선생님이 나에게 재미있는 일본 노래를 가르쳐 주셨
습니다.

▶ ____

② 鈴木 씨를 공항까지 모셔다 드렸습니다.

▶ ____

③ 高橋 씨에게 파티의 준비를 도와 받았습니다.

▶ ____

Kotoba Bank

ふる(古)い 오래되다, 낡다	くわ(詳)しい 상세하다, 자세하다
かぐ(家具) 가구	まよ(迷)う 헤매다
さしあげる 드리다	おれい(お礼) 사례, 감사의 인사, 감사의 선물
う(売)る 팔다	
わたくし(私) 저 ▶「わたし」보다 정중한 표현	おく(送)る 보내다, 배웅하다, 바래다주다
けいじばん(掲示板) 게시판	りょうがえ(両替)する (돈을) 바꾸다
～ねんど(年度) ～년도	いっきょく(一曲) 한 곡
モデル(model) 모델	おとしだま(お年玉) 세뱃돈
いただく 받다 ▶「もらう」의 겸양어	くださる 주시다 ▶「くれる」의 존경어
と(取)る 가지다, 받다	わざわざ 일부러
どうぞ こちらへ 이쪽으로 오세요, 이쪽에 앉으세요	わた(渡)す 건네다, 건네 주다
この へん(辺) 이 근처, 이 근방	ひみつ(秘密) 비밀

Japanese Box

일본의 동전과 지폐

いち えん
1円

ご えん
5円

じゅうえん
10円

ごじゅうえん
50円

ひゃく えん
100円

ごひゃく えん
500円

せん えん
千円

に せん えん
二千円

ご せん えん
五千円

いちまん えん
1万円

部長に 呼ばれて、部長室へ 行って きました。

CD23

高橋　何か あったんですか。顔色が よく ないですね。

木村　部長に 呼ばれて、部長室へ 行って きたんです。
　　　今月の 営業の 成績が 悪くて、叱られました。

高橋　いろいろ 言われたんでしょうね。

木村　それだけじゃ ありませんよ。
　　　今朝は 電車の 中で すりに 財布を すられたんですよ。

高橋　それは たいへんでしたね。お金は、いくらぐらい 入って
　　　いたんですか。

木村　お金は 少しだったんですが、カードが 6枚も 入って
　　　いたんです。

高橋　カードを　使われたら、たいへんですね。

木村　高橋さんも　疲れて　いる　顔じゃ　ありませんか。

寝不足ですか。
　ね　ぶそく

高橋　ええ、ゆうべ　子供に　泣かれて、4時まで　寝られなくて
　　　　　　　　　　　　な
……。

木村　それは　近所迷惑に　なるし、困りましたね。
　　　　　きんじょめいわく

木村　それより　高橋さん、今度の　休みは　どこか　行くんですか。

高橋　ええ。家族で　ハワイ旅行に　行く　つもりなんですが、

英語が　できないので　心配です。

木村　大丈夫ですよ。ハワイでは　日本語も　使われて　いるんで

すよ。

高橋　えっ、本当ですか。じゃ、買い物の　心配は　ないですね。

Language Focus

1 動詞의 受身形

1그룹動詞 (5段動詞)	読む ▶ 読まれる（ま　み　む　め　も） 呼ぶ ▶ 呼ばれる（ば　び　ぶ　べ　ぼ） 叱る ▶ 叱られる（ら　り　る　れ　ろ） 思う ▶ 思われる（わ　い　う　え　お）
2그룹動詞 (上1段·下1段動詞)	見る ▶ 見られる 教える ▶ 教えられる 食べる ▶ 食べられる
3그룹動詞 (カ行変格動詞·サ行変格動詞)	来る ▶ 来(こ)られる する ▶ される

2 部長に　呼ばれて　部長室に　行って　きました。

① 成績が　よくて　母に　ほめられました。

② A　きのう　どこかへ　行って　きましたか。

　　B　ええ、友達に　誘われて　展覧会に　行きました。

③ きのう、木村さんに　プロポーズ　されました。

3 部長に　いろいろ　言われたんでしょうね。

① 営業の　成績が　悪くて　部長に　叱られたんです。

② 電車の　中で　すりに　財布を　すられました。

③ 電車の　中で　隣の　人に　足を　踏まれました。

4 ゆうべ　子供に　泣かれて　寝られませんでした。

① 雨に　降られて　風邪を　ひいて　しまいました。

② 私は　ゆうべ　友達に　来られて　宿題が　できません
でした。

③ 父に　死なれて　学校を　やめなければ　ならなく
なりました。

5　ハワイでは　日本語も　使われて　いるんですよ。

① 英語は　世界中で　**話されて**　います。

② この　人形は　紙で　**作られて**　います。

③ 2002年に　韓国と　日本で　ワールドカップが　**行われ**
ました。

④ 東京は　物価が　高いと　**言われて**　います。

1 보기와 같이 受身形의 문장으로 바꾸어 보자.

> 보기 部長は　私を　叱りました。
>
> ▶ <u>私は　部長に　叱られました。</u>

① 社長が　部長を　呼びました。

▶ _______________________________________

② 母は　弟を　ほめました。

▶ _______________________________________

③ すりは　私の　財布を　すりました。

▶ _______________________________________

④ 妹が　私の　カードを　使いました。

▶ _______________________________________

⑤ 隣の　人が　私の　足を　踏みました。

▶ _______________________________________

⑥ 兄が　私の　日記を　読みました。

▶ _______________________________________

⑦ ゆうべ　友達が　来て、私は　勉強できませんでした。

▶ _______________________________________

⑧ 子供が　泣いて、私は　寝られませんでした。

▸ ____

2 짧은글짓기

① 이 공원은 서울에 살고 있는 사람들에게
사랑받고 있습니다.

▸ ____

② 佐藤 씨는 지각해서 선생님께 혼났습니다.

▸ ____

③ 「아리랑(アリラン)」은 많은 사람(たくさんの
人)에게 불려지고 있습니다.

▸ ____

ぶちょう(部長) 부장(님)	きんじょめいわく(近所迷惑)
よ(呼)ぶ 부르다	이웃 사람에게 폐가 됨
呼ばれる 불림을 받다, 불려 가다	こま(困)る 곤란하다
ぶちょうしつ(部長室) 부장실	ハワイ(Hawaii) 하와이
えいぎょう(営業) 영업	ほめる 칭찬하다
せいせき(成績) 성적	さそ(誘)う 불러내다, 권유하다
しか(叱)る 꾸짖다, 나무라다	てんらんかい(展覧会) 전람회
けさ(今朝) 오늘 아침	あし(足) ①발 ②다리
すり 소매치기	ふ(踏)む 밟다
さいふ(財布) 지갑	せかいじゅう(世界中) 온 세계
する 소매치기하다	にんぎょう(人形) 인형
ねぶそく(寝不足) 수면 부족	かみ(紙) 종이
な(泣)く 울다	おこな(行)う 실시하다, 거행하다
きんじょ(近所) 이웃, 이웃집	にっき(日記) 일기
めいわく(迷惑) 폐, 괴로움	

娘を 留学させる つもりです。

パク	最近(さいきん)の 子供は 大人(おとな)よりも 暇が ないようですね。
高橋	そうですね。勉強だけじゃ なくて、習う ものも 多くて……。
パク	高橋さんも お子さんに 何か させて いるんですか。
高橋	ええ、うちは 英語と ピアノを 習わせて います。
パク	まだ 小さいのに、英語も 習わせて いるんですか。
高橋	ええ、早期 教育(そうき きょういく)が ブームでしょう。アメリカ人の 先生に、週に 3回、来て もらって いるんです。
パク	教育費(きょういく ひ)も けっこう かかるでしょうね。
高橋	ええ。でも、よその 子供たちも みんな 同じですよ。

将来は　娘を　アメリカの　有名な　音楽学校に　留学させ
おんがく
る　つもりなんです。

パク　ピアノは、毎日　練習するのが　大変でしょう。
れんしゅう

高橋　ええ。うちの　子も　練習は　嫌いなんです。

　　　でも、毎日　必ず　練習を　させて　いるんですよ。

パク　お子さん、ピアノが　嫌いに　なったり　しませんか。

高橋　私は　娘に　有名な　ピアニストに　なって　もらいたいん

　　　ですよ。

　　　だから、無理してでも　続けさせて　いるんです。
つづ

パク　そうですか。

高橋　パクさんは　お子さんに、何を　習わせて　いるんですか。

パク　特別には　何も　させて　いません。学校だけです。
とくべつ

高橋　大丈夫ですか。

パク　ええ。学校の　キャンプに　行かせたり　して　遊ばせて

　　　います。

Language Focus

1　動詞의 使役形

1ユ룹動詞 (5段動詞)	行く ▶ 行かせる（か　き　く　け　こ） 読む ▶ 読ませる（ま　み　む　め　も） 待つ ▶ 待たせる（た　ち　つ　て　と） 入る ▶ 入らせる（ら　り　る　れ　ろ） 習う ▶ 習わせる（わ　い　う　え　お）
2ユ룹動詞 (上1段動詞・下1段動詞)	見る ▶ 見させる 食べる ▶ 食べさせる
3ユ룹動詞 (カ行変格動詞・サ行変格動詞)	来る ▶ 来(こ)させる する ▶ させる

2　お子さんにも　何か　習わせて　いるでしょう。

① 先生は　学生に　本を　読ませました。

② A　子供に　何を　習わせて　いるんですか。

　　B　特別に　何も　させて　いません。

③ お母さんは　子供に　ご飯を　食べさせて　います。

3 私は　将来、娘を　アメリカに　留学させる　つもりです。

① 私は　子供を　自由に　**遊ばせて**　います。

② 鈴木さんは　息子さんを　海外旅行に　**行かせました。**

③ 佐藤さんは　うそを　ついて　お母さんを　**怒らせました。**

Training

1 다음 문장을 읽고 질문에 답해 보자.

> お母さんは　子供に　ピアノを　習わせて　います。

① だれが　ピアノを　習って　いますか。

▶ _______________________________________

② だれが　ピアノを　習わせて　いますか。

▶ _______________________________________

> 鈴木さんは　息子さんを　アメリカに　留学させて　います。

③ だれが　アメリカに　留学して　いますか。

▶ _______________________________________

④ だれが　アメリカに　留学させて　いますか。

▶ _______________________________________

> パクさんは　お子さんに　薬を　飲ませました。

⑤ だれが　薬を　飲みましたか。

▶ _______________________________________

⑥ だれが　薬を　飲ませましたか。

▶ _______________________________________

> 佐藤さんは　お父さんを　怒らせました。

⑦ だれが　怒りましたか。

▶ ___________________________

⑧ だれが　怒らせましたか。

▶ ___________________________

2 짧은글짓기

① 선생님은 학생들에게 영어책을 읽게 했습니다.

▶ ___________________________

② 방안이 더워서 남동생에게 창문을 열게 했습니다.

▶ ___________________________

③ 나는 지금 개를 운동시키고 있습니다.

▶ ___________________________

Kotoba Bank

～させる ～을 시키다, ～을 하게 하다	おんがく(音楽) 음악
さいきん(最近) 최근, 요즈음	ピアニスト(pianist) 피아니스트
おとな(大人) 어른	つづ(続)ける 계속하다
おこさん(お子さん) 자제분	とくべつ(特別)だ 특별하다
うち 우리	キャンプ(camp) 캠프, 하숙
うちの こ(子) 우리집 아이	かいがい(海外) 해외
そうききょういく(早期教育) 조기 교육	うそ 거짓말
ブーム(boom) 붐	うそを つく 거짓말을 하다
きょういくひ(教育費) 교육비	おこ(怒)る 화내다
よそ 남의 집, 다른 곳	

Japanese Box

인사말 정리

음식을 먹을 때

1 何に　しますか。
   何に　なさいますか。 뭘로 하겠습니까?/뭘로 하시겠습니까?
2 ～に　します。 ～(으)로 하겠습니다.
3 ～、ください。 ～, 주세요.
4 どうぞ。 자, 드세요.
5 いただきます。 잘 먹겠습니다.
6 ごちそうさまでした。 잘 먹었습니다.
7 おそまつさまでした。 변변치 못했습니다.
8 もう　少し　いかがですか。 조금 더 드시겠어요?
9 いいえ、もう　けっこうです。 아니요, 이제 됐습니다.

외출하거나 귀가할 때

1 行って　きます。 다녀오겠습니다.
2 行って　いらっしゃい。
   行ってらっしゃい。 다녀오세요.
3 ただいま。 다녀왔습니다.
4 お帰りなさい。 어서 돌아오세요.

毎日　コピーばかり　させられるんです。

CD25

キム　高橋さん、遅く　なって　ごめんなさい。

　　　課長に　会議の　後片付けを　させられて　いたんです。

高橋　私も　今　来た　ところです。

　　　どうですか。仕事は　おもしろいですか。

キム　いいえ、全然ですよ。毎日　コピーばかり　させられるんです。

高橋　へえ、それは　大変ですね。

キム　それに、今の　会社は　女性には　重要な　仕事を　させて

　　　くれないんだそうです。

高橋　本当ですか。

キム　ええ。高橋さんの　会社は　どうですか。

高橋　うちの　会社は　違います。女性でも、能力が　あれば、

重要な　仕事を

任せられるんです。

キム　「一曲、歌わせて　いただきます」と　いう　言葉、カラオケ

で　よく　聞きますが、意味が　よく　わからないんです。

高橋　どこがですか。

キム　自分が　歌いたくて　歌うんでしょう。それなのに、どうして

「歌わせて　いただく」と　言うんですか。

高橋　さあ……。

キム　韓国人なら、「私、一曲　歌います。下手ですが、聞いて

ください。」と　言いますよ。

高橋　その　韓国人は　本当に　歌が　下手なんですか。

キム　下手じゃ　なくても　普通　そう　言いますよ。

高橋　日本人が　「歌わせて　いただく」と　言うのも、気持ちは

同じなのかも　しれませんね。

Language Focus

1 動詞의 使役受身形

	基本形	使役	使役+受身
1그룹動詞 （5段動詞）	待つ	待たせる	待たせられる＝待たされる
	行く	行かせる	行かせられる＝行かされる
	買う	買わせる	買わせられる＝買わされる
	走る	走らせる	走らせられる＝走らされる
	話す	話させる	話させられる
2그룹動詞 （上１段・ 下1段動詞）	見る	見させる	見させられる
	食べる	食べさせる	食べさせられる
	覚える	覚えさせる	覚えさせられる
3그룹動詞 （カ行変格動詞・ サ行変格動詞）	来る	来（こ）させる	来（こ）させられる
	する	させる	させられる

2 課長に　会議の　後片付けを　させられたんです。

① イーさんは　妹さんに　高い　洋服を　**買わせられました**。

② 佐藤さんは　毎朝　お母さんに　牛乳を　**飲ませられて** います。

③ ゆうべ　遅くまで　部長に　お酒を　**飲まされました**。

④ 会社で　お茶くみばかり　**させられる**んです。

⑤ 予約を　しなかったので、1時間も　**待たされました。**

⑥ みんなの　前で　**歌わせられて**　恥ずかしかったです。

⑦ 彼は　会社を　**辞めさせられた**そうです。

3　**一曲、歌わせて　いただきます。**

① 明日は　用事が　あって　休ま**せて**　いただきたいんです が。

② ちょっと　体の　具合が　悪くて　お先に　帰ら**せて** いただきます。

③ 一身上の　都合で　会社を　辞め**させて**　いただきます。

Training

1 다음 문장을 읽고 질문에 답해 보자.

> イーさんは　妹さんに　高い　洋服を　買わせられました。

① だれが　洋服を　買いましたか。

▶ ___________________________________

② だれが　洋服を　買わせましたか。

▶ ___________________________________

> 木村さんは　友達に　1時間も　待たせられました。

③ だれが　待ちましたか。

▶ ___________________________________

④ だれが　待たせましたか。

▶ ___________________________________

2 다음 문장을 읽고 질문에 답해 보자.

> イー　今度は　木村さんの　歌を　聞かせて　ください。
>
> 木村　それじゃ、一曲　歌わせて　いただきます。

① これから　だれが　歌を　歌いますか。

▶ ＿＿＿＿＿＿＿＿＿＿＿＿＿＿＿＿＿＿＿＿＿＿＿＿＿

店員　明日は　用事が　あって　休ませて　いただきたいんで
すが。
社長　そうですか。分かりました。

② 明日　だれが　休みますか。

▶ ＿＿＿＿＿＿＿＿＿＿＿＿＿＿＿＿＿＿＿＿＿＿＿＿＿

キム　すみませんが、お先に　帰らせて　いただきたいんですが。
鈴木　ええ、どうぞ。

③ だれが　帰りますか。

▶ ＿＿＿＿＿＿＿＿＿＿＿＿＿＿＿＿＿＿＿＿＿＿＿＿＿

3 짧은글짓기

① 나는 술을 좋아하는데, 의사가 술을 끊게 했습니다.

▶ _______________________________________

② 나는 어릴 적에 말랐었기 때문에, 매일 어머니가 밥을 많이 먹게 해서 먹었습니다.

▶ _______________________________________

③ 밥을 먹은 지 얼마 안 되어서 전 사양하겠습니다.

▶ _______________________________________

Kotoba Bank

コピー(copy) 카피, 복사	じぶん(自分) 자기
コピーを する 복사를 하다	それなのに 그래도, 그런데도
～させられる ～(하게 함을) 당하다	ふつう(普通) 보통, 대체로, 일반적으로
ごめんなさい 미안합니다	おちゃ(お茶)くみ 차 심부름, 차 끓여
かちょう(課長) 과장	나르는 일
あとかたづけ(後片付け) 뒷정리	は(恥)ずかしい 창피하다, 부끄럽다
ちが(違)う 다르다	ぐあい(具合) (건강)상태
じゅうよう(重要)だ 중요하다	いっしんじょう(一身上) 일신상
まか(任)せる 맡기다	つごう(都合) 형편, 사정
いっきょく(一曲) 한 곡	き(聞)かせる 들려 주다

何時ごろ お戻りに なりますか。
もど

CD26

田中の妻　はい、田中で ございます。

キム　もしもし、あのう、田中先生、いらっしゃいますか。

田中の妻　主人は 今 外出中なんですが。

キム　そうですか。すぐ お戻りに なりますか。
もど

田中の妻　はい、すぐ 戻ると 思います。

　　　　失礼ですが、どちらさまですか。

キム　キム ミラと 申します。

田中の妻　キム ミラさんですね。

キム　ええ、すみませんが、30分後に また お電話すると
ご

　　　伝えて くださいませんか。

田中の妻　はい、わかりました。

田中　あ、キムさん、さきほどは　失礼いたしました。

キム　お久しぶりです。お元気ですか。

田中　はい。おかげさまで、元気で　やって　おります。

いつ　お着きに　なったんですか。

キム　きのうの　夜、到着いたしました。

田中　お一人で　いらっしゃったんですか。

キム　いいえ、今度は　主人と　いっしょです。

田中　ご主人も　いらっしゃったんですか。ぜひ　お目に　かか

りたいですね。

キム　あのう、実は　主人と　二人で　ご挨拶に　うかがおうか

と　思って　いるんですが……。

田中　そうですか。いつでも　おいで　ください。

キム　そうですか。それでは　明日の　7時頃　お宅に　うかがい

ます。

田中　7時ですね。分かりました。では　お待ちして　おります。

キム　はい。じゃあ　失礼します。

Language Focus

1 いつ　お着きに　なったんですか。

① 1時間　前に　お帰りに　なりました。

② これ、お使いに　なりますか。

③ こちらに　おかけに　なって　お待ちください。

④ 明日　ご出発に　なる　予定です。

2 コーヒーショップで　お待ちして　います。

① その　かばん、お持ちしましょうか。

② ちょっと　お手伝いしましょうか。

③ この間　お借りした　本を　お返ししたいんですが。

④ あとで　また　お電話します。

⑤ 向こうに　着いたら　ご連絡します。

3 田中先生、いらっしゃいますか。

① A　田中先生、いらっしゃいますか。

　　B　主人は　今　おりませんが。

② ぜひ　お目に　かかりたいですね。

③ 私は　キム　ミラと　**申します。**

④ A　もう　少し　**召し上がって**　ください。
　　B　いいえ、もう　けっこうです。

⑤ A　これ、アルバムなんですが、**ご覧に**　**なりますか。**
　　B　ええ、**拝見します。**

⑥ ちょっと　**伺います**が、サンシャイン・ビルは　どちら
　　ですか。

4　はい、田中で　ございます。

① はい、木村で　ございます。

② こちらは　領収書で　ございます。どうぞ。

5　どちらさまで　いらっしゃいますか。

① あのう、鈴木さまで　いらっしゃいますか。

② こちらは　パクさんの　ご主人で　いらっしゃいます。

③ A　いらっしゃいませ。何名様で　いらっしゃいますか。
　　B　2人です。

6 敬語：尊敬語와 謙讓語

	尊敬語	謙讓語
行く 来る	いらっしゃる おいでに　なる	参る
いる		おる
言う	おっしゃる	申す
する	なさる	いたす
食べる 飲む	召し上がる	いただく
見る	ご覧に　なる	拝見する
寝る	お休みに　なる	
会う	お会いに　なる	お目に　かかる
聞く	お聞きに　なる	伺う
訪ねる	お訪ねに　なる	
知る	ご存じだ	存じる

[注意]　・いらっしゃる ▶ いらっしゃいます

　　　　・なさる　　　　▶ なさいます

　　　　・おっしゃる　▶ おっしゃいます

Training

1 ＿＿＿에 알맞은 표현을 써 넣어 보자.

① (A 거래처의 부장　B 鈴木의 비서)

A　鈴木社長、いらっしゃいますか。

B　申し訳ございません。社長は　今＿＿＿＿＿＿＿＿＿が。

② (A 웨이터　B 손님)

A　お飲み物は　何に＿＿＿＿＿＿＿＿＿か。

B　ビールに　します。

③ (A 웨이터　B 손님)

A　おたばこを＿＿＿＿＿＿＿＿＿か。

B　いいえ、吸いません。

④ (A 학생　B 선생님)

A　先生、重そうですね。私が＿＿＿＿＿＿＿＿＿か。

B　ありがとう。

⑤ (A 학생　B 선생님)

A　明日の　4時ごろ＿＿＿＿＿＿＿＿＿たいんですが、よ
　　ろしいでしょうか。

B　はい、いいですよ。明日は　一日中　研究室に　いる
　　から、いつでも　来て　ください。

⑥ (A 손님　B 웨이트리스)

A　すみません。ナイフを　落として　しまったんですが。

B　はい。すぐ　新しいのを＿＿＿＿＿＿＿＿＿します。

⑦ (A 평사원　B 부장)

A 部長。キム　ミラさんと　いう　方を＿＿＿＿＿＿＿か。

B いいえ、知りませんが。

⑧ (A 손님　B 역무원)

A ちょっと＿＿＿＿＿＿＿たいんですが。

B はい。

A 新宿へ　行きたいんですが、どこで　乗り換えれば

　いいんですか。

3　짧은글짓기

① 가져오신 가방은 저에게 맡겨 주십시오.

▶ ＿＿＿＿＿＿＿＿＿＿＿＿＿＿＿＿

② 鈴木 사장님은 언제 서울에 오십니까?

▶ ＿＿＿＿＿＿＿＿＿＿＿＿＿＿＿＿

③ 「스피드(スピード)」라는 영화를 보셨습니까?

▶ ＿＿＿＿＿＿＿＿＿＿＿＿＿＿＿＿

おもどり(お戻り)に　なる 돌아오시다	▶ 「み(見)る」의 겸양어
▶ 되돌아오다, 「もど(戻)る」의 존경표현	うかが(伺)う 여쭙다, 찾아뵙다
いらっしゃる 계시다, 가시다, 오시다	▶ 「き(聞)く・たず(訪)ねる」의 겸양어
▶ 「いる・い(行)く・く(来)る」의 존경어	サンシャイン・ビル(sunshine
おる 있다 ▶ 「いる」의 겸양어	building) 선샤인 빌딩
もど(戻)る 되돌아가(오)다	りょうしゅうしょ(領収書) 영수증
おでんわ(お電話)する 전화드리다	なんめい(何名) 몇 명
▶ 「電話する」의 겸양표현	まい(参)る 가다, 오다
さきほど 아까, 조금 전	▶ 「い(行)く・く(来)る」의 겸양어
やる 보내다, 생활하다, 살아가다	おっしゃる 말씀하시다
とうちゃく(到着)する 도착하다	▶ 「い(言)う」의 존경어
おめ(お目)に　かかる 뵙다	なさる 하시다 ▶ 「する」의 존경어
▶ 「あ(会)う」의 겸양표현	いたす ▶ 「する」의 겸양어
おま(お待)ちする 기다리다	おやす(お休)みに　なる 주무시다
▶ 「ま(待)つ」의 겸양표현	▶ 「ね(寝)る」의 존경표현
かける 앉다, 걸터 앉다	ごぞん(ご存)じだ 아시다
か(借)りる 빌리다	▶ 「し(知)る」의 존경어
れんらく(連絡)する 연락하다	ぞん(存)じる 알다, 생각하다
め(召)しあ(上)がる 드시다	▶ 「し(知)る・おも(思)う」의 겸양어
▶ 「た(食)べる・の(飲)む」의 존경어	よろしい 괜찮다
アルバム(album) 앨범	けんきゅうしつ(研究室) 연구실
ごらん(ご覧)に　なる 보시다	ナイフ(knife) 나이프, 칼
▶ 「み(見)る」의 존경표현	お(落)とす 떨어뜨리다
はいけん(拝見)する 보다	

활용형의 정리

1 동사의 ます形에 이어지는 활용형

- コーヒーを　飲み**ます**。(☞ 1권・11과)
- 手伝い**ましょうか**。(☞ 1권・13과)
- いつか　いっしょに　行き**ましょう**。(☞ 1권・13과)
- 電話を　し**ました**。(☞ 1권・14과)
- 手紙は　書き**ませんでした**。(☞ 1권・14과)
- 買い物に　行き**ました**。(☞ 1권・14과)
- 遊びに　来**ませんか**。(☞ 1권・16과)
- 音楽を　聞き**ながら**　本を　読んで　います。(☞ 1권・20과)
- 水が　飲み**たいです**。(☞ 1권・21과)
- この　本は　字が　大きいので　読み**やすいです**。(☞ 2권・5과)
- **使い方**が　よく　わからないんですが。(☞ 2권・11과)
- 物価が　高いから　住み**にくい**と　思います。(☞ 2권・12과)
- 雨が　降り**そうです**。(☞ 2권・20과)
- すぐ　終わり**そうも**　ありません。(☞ 2권・20과)
- 少々　**お待ちください**。(☞ 2권・20과)
- これ、**お使いに**　なりますか。(☞ 2권・25과)

2 동사의 て形에 이어지는 활용형

- ちょっと　待って　ください。(☞ 1권・18과)
- テレビを　見て　勉強して　寝ました。(☞ 1권・18과)
- たばこを　吸って　います。(☞ 1권・19과)

- 探して　みます。(☞ 1권・22과)
- たばこを　吸っても　いいですか。(☞ 1권・24과)
- 触っては　いけません。(☞ 1권・24과)
- よく　聞いてから　答えを　書いて　ください。(☞ 2권・3과)
- 予約して　おきました。(☞ 2권・8과)
- 材料は　もう　買って　あります。(☞ 2권・8과)
- お金を　入れても　水が　出ないんです。(☞ 2권・11과)
- 教えて　くださいませんか。(☞ 2권・11과)
- 料理も　作って　くれるんです。(☞ 2권・18과)
- 手伝いを　して　あげます。(☞ 2권・18과)
- 掃除を　して　もらいます。(☞ 2권・18과)
- 忘れて　しまいました。(☞ 2권・19과)
- 教えて　いただけませんか。(☞ 2권・21과)
- 売って　いただきたいんです。(☞ 2권・21과)

3　た形에 이어지는 활용형

- 日本へ　行った　ことが　ありますか。(☞ 2권・2과)
- 洗濯を　したり　掃除を　したり　します。(☞ 2권・3과)
- チェーさんに　会ったら　よろしく　お伝えください。(☞ 2권・6과)
- 傘を　持って　いった　ほうが　いいですよ。(☞ 2권・10과)
- 結婚したばかりです。(☞ 2권・17과)

4 基本体(plain form)에 이어지는 활용형

- 明日は　晴れると　思います。(☞ 2권・1과)
- いっしょに　行くかも　しれません。(☞ 2권・1과)
- もう　すぐ　始まるでしょうね。(☞ 2권・1과)
- 人の　前で　歌うのは　大嫌いです。(☞ 1권・25과)
- 昇進も　したし、給料も　上がったので、大満足です。

  (☞ 2권・5과)

- 英語で　話す　ことが　できますか。(☞ 2권・7과)
- 電気製品を　買うなら　秋葉原が　一番です。(☞ 2권・10과)
- 洗濯が　終わると　自動的に　止まります。(☞ 2권・11과)
- 故障して　いるようですね。(☞ 2권・11과)
- 道が　すべりますから　気を　つけて　ください。(☞ 2권・12과)
- もう　すぐ　着く　はずです。(☞ 2권・12과)
- 彼女は　来月　結婚するそうです。(☞ 2권・13과)
- やせる　ために　ダイエットを　始めました。(☞ 2권・13과)
- 今　ちょうど　帰る　ところです。(☞ 2권・14과)
- 大学院に　進む　つもりです。(☞ 2권・16과)
- たばこを　止める　ことに　しました。(☞ 2권・16과)
- 転勤する　ことに　なりました。(☞ 2권・17과)
- 明日から　寒く　なるらしいです。(☞ 2권・17과)
- ご飯を　食べたのに　もう　おなかが　すきました。

  (☞ 2권・19과)

5 ない形에 이어지는 활용형

- お酒を　飲まないで　ください。(☞ 1권・24과)

- ルールを　守らなければ　なりません。(☞ 2권・9과)

- 入院しなくては　いけません。(☞ 2권・9과)

- あまり　心配しなくても　いいです。(☞ 2권・9과)

- 無理しない　ほうが　いいですよ。(☞ 2권・10과)

- 食べない　ように　して　います。(☞ 2권・13과)

6 ば形에 이어지는 활용형

- 練習すれば　できると　思います。(☞ 2권・7과)

7 (よ)う形에 이어지는 활용형

- もっと　がんばろうと　思って　います。(☞ 2권・16과)

복습문제 제14과~제25과

1 ☐ 안에 알맞은 말을 써 넣어 보자.

① あの　背☐　高い　人が　イーさんです。

② 私は　歌☐　上手な　人が　好きです。

③ A　どうしたんですか。

　　B　いいえ、何☐☐　ありません。

④ さしみ☐　食べられますか。

⑤ 試験の　成績が　よくて　先生☐　ほめられました。

⑥ 雨☐　降られて　風邪を　ひいて　しまいました。

⑦ すり☐　財布☐　すられました。

⑧ 子供☐　ピアノを　習わせて　います。

⑨ 佐藤君は　先生☐　怒らせました。

⑩ 友達☐　1時間も　待たせられました。

2 ＿＿＿ 에 들어갈 알맞은 말을 골라 보자.

① あまり　将来性の　ない　会社なので　転職を＿＿＿＿
　ところです。

　　ⓐ 考える　　ⓑ 考えて　いる　　ⓒ 考えた

② A　待ちましたか。

　　B　いいえ、私も　今________ところです。

　　　ⓐ　着く　　　ⓑ　着いて　いる　　　ⓒ　着いた

③ A　寝て　いたんですか。

　　B　いいえ、これから________ところですが。

　　　ⓐ　寝る　　　ⓑ　寝て　いる　　　ⓒ　寝た

④ 佐藤さんは　韓国へ　来た________なのに　韓国語が
　上手です。

　　　ⓐ　ところ　　　　　　　　ⓑ　ばかり

⑤ うわさに　よると、あの　人は　金持ち________です。

　　　ⓐ　らしい　　　　　　　　ⓑ　のよう

⑥ 少々　お________ください。

　　　ⓐ　待ち　　　　　　　　ⓑ　待って

⑦ 卒業する________日本語が　上手に　なりたいです。

　　　ⓐ　まで　　　　　　　　ⓑ　までに

⑧ 姉は　私に　きれいな　イヤリングを____________。

　　　ⓐ　あげました　　　ⓑ　もらいました　　　ⓒ　くれました

⑨ この　時計、店の　人に　安くして＿＿＿＿＿＿。

　　ⓐ あげました　　ⓑ もらいました　　ⓒ くれました

⑩ 英語の　先生に　週に　2回　来て＿＿＿＿＿＿。

　　ⓐ くださって　います　　　　ⓑ いただいて　います。

⑪ 田中先生が　お見舞いに　来て＿＿＿＿＿＿。

　　ⓐ くださいました　　　　　　ⓑ いただきました

⑫ 明日　用事が　あって＿＿＿＿いただきたいんですが。

　　ⓐ 休んで　　　　　　　　　ⓑ 休ませて

⑬ A ちょっと＿＿＿＿＿＿。
　　B すみません。お願いします。

　　ⓐ お手伝いに　なりますか　　ⓑ お手伝いしましょうか

⑭ A あのう、鈴木さまで＿＿＿＿＿＿。
　　B はい、そうですが。

　　ⓐ いらっしゃいますか　　　　ⓑ ございますか。

⑮ A いつ＿＿＿＿＿＿。
　　B 来月の　10日に　出発します。

　　ⓐ ご出発しますか　　　　　　ⓑ ご出発に　なりますか

색인

あ

あいする(愛する)・128
あいて(相手)・107
あかちゃん(赤ちゃん)・106
あがる(上がる)・37
あかるい(明るい)・136
あきはばら(秋葉原)・82
あく(開く)・21
あける(開ける)・21
あげる・153
あさばん(朝晩)・45
あし(足)・187
あじ(味)・35
あずける(預ける)・42
あそこ・118
あたたかい(暖かい)・42
あちこち・106
あつかう(扱う)・59
あったら(会ったら)・51
あっというまに(あっという間
　に)・26
あとかたづけ(後片付け)・200
アパート(apartment)・42
あぶない(危ない)・91
アメリカじん(America人)・149
アルバム(album)・211

い

い(胃)・74
いえん(胃炎)・74
いか(以下)・92
い(行)かなければ　なりません
　・74
いきる(生きる)・137
イギリス・106
いしゃ(医者)・74
いそぐ(急ぐ)・98
いたす・212
いただく・174

いちまんえん(一万円)・162
いっきょく(一曲)・177
いっしょうけんめい(一生懸命)
　・108, 137
いっしんじょう(一身上)・203
い(行)って　いらっしゃい・161
い(行)って　きます・161
い(行)って　くる・43
いっぱい(一杯)・74
いみ(意味)・106
いらっしゃる・208
いる(要る)・152
いわい(祝い)・35
インタビュー(interview)・98
インドネシア(Indonesia)・144

う

うかがう・209
うかる(受かる)・37
うけつけ(受付)・75
うそ(嘘)・195
うそを　つく・195
うち・192
うちの　こ(うちの　子)・192
うまい・167
うまく　いく・167
うる(売る)・174
うるさい・118
うわさ・144
うんてん(運転)・58

え

えいぎょう(営業)・184
えいご(英語)・137
えきまえ(駅前)・101
えほん(絵本)・108
えらぶ(選ぶ)・83
えんりょなく(遠慮なく)・75

お

おいしゃさん(お医者さん)・107
おいわい(お祝い)・42
おおそうじ(大掃除)・44
おおやさん(大家さん)・43
おかあさん(お母さん)・161
おがわ(小川)・106
おく(置く)・67
おくる(送る)・20, 176
おこさん(お子さん)・192
おこなう(行う)・188
おこる(怒る)・195
おしごとちゅう(お仕事中)・118
おじょうずだ(お上手だ)・99
おす(押す)・91
おすし(お寿司)・20
おすしやさん(お寿司屋さん)
　・67
おせわ(お世話)に　なりました
　・50
おたんじょうび(お誕生日)・42
おちつく(落ち着く)・51
おちゃくみ(お茶くみ)・202
おちゃを　いれる(お茶を　入れ
　る)・36
おつか(お疲)れさまでした・27
おっしゃる・212
おでんわする(お電話する)・208
おところ(お所)・169
おとしだま(お年玉)・177
おとす(落とす)・213
おとな(大人)・192
おとまり(お泊まり)・83
おないどし(同い年)・106
おなまえ(お名前)・169
おねがい(お願い)・66
おべんとう(お弁当)・11
おま(お待)たせしました・144
おま(お待)ちください・166

おまちする(お待ちする)・209
おみあい(お見合い)・167
おみまい(お見舞い)・43
おめでとうございます・42
おめに　かかる(お目に　かかる)
　・209
おもい(重い)・37
おもう(思う)・11
おもどりに　なる(お戻りに　な
　る)・208
おや(親)・131
おやすみなさい(お休みなさい)
　・167
おやす(お休)みに　なる・212
おりる(降りる)・59
おる・212
おれい(お礼)・176
おんがく(音楽)・193

か

カード(card)・59
かいがい(海外)・195
かえす(返す)・169
かかる・120, 123
かきかた(書き方)・93
かぐ(家具)・174
かける・69, 209
かじ(家事)・26
かす(貸す)・52
かたい(固い)・35
かちょう(課長)・200
かって　ある(買って　ある)・67
かねもち(金持ち)・12
かのじょ(彼女)・12
かべ(壁)・69
かみ(紙)・188
〜かも　しれません・11
かよう(通う)・137
〜から・99

からい(辛い)・18
かりる(借りる)・210
カルビ・20
かわいい・106
かんがえる(考える)・119
かんこう(観光)・106
かんしん(関心)・36
かんぜんだ(完全だ)・91
かんりにん(管理人)・42
〜が　いちばんです(〜が　一番
　です)・82
がんしょ(願書)・69
がんばる(頑張る)・99

き

きかせる(聞かせる)・204
きこく(帰国)・50
きしゃ(記者)・98
きせつ(季節)・45
きたない(汚い)・101
きっさてん(喫茶店)・44
きっぷ(切符)・68
キャリアウーマン(career woman)
　・145
キャンプ(camp)・193
きゅうだ(急だ)・62
きゅうよう(急用)・166
きゅうよう(急用)が　できる・166
きゅうりょう(給料)・37
きょういくひ(教育費)・192
きょうしつ(教室)・62
キロ(Kilo)・107
きを　つける(気を　つける)
　・100
きんじょ(近所)・185
きんじょめいわく(近所迷惑)
　・185
キャンセルする(cancelする)
　・11

ぎょうかい(業界)・144

く

くうき(空気)・68
クーラー(cooler)・93
くしゃみ・93
くすり(薬)・22
くださる・177
くちに　あう(口に　合う)・18
くつ(靴)・146
くれる・152
くわしい(詳しい)・175
ぐあい(具合)・203

け

けいえい(経営)・51
けいじばん(掲示板)・174
ケーキ(cake)・39
けいやく(契約)・10
けが・160
けさ(今朝)・184
けっこう(結構)・35
けっこんきねんび(結婚記念日)
　・153
けっせき(欠席)・20
けんきゅうしつ(研究室)・213
けんきゅうする(研究する)・136
けんこう(健康)・109
けんしゅう(研修)・19
けんせつがいしゃ(建設会社)
　・51
けんぶつ(見物)・82
げんきん(現金)・83

こ

コインランドリー(coin laundry)
　・91
コース(course)・83
コート(coat)・124

コード(cord)・91
こうらいにんじん(高麗人参)・19
こおる(凍る)・160
こころ(心)・131
こしょうする(故障する)・91
こたえ(答え)・29
こたえる(答える)・98
〜ことが できません・59
〜ことに する・137
〜ことに なる・144
この へん(この 辺)・175
このまえ(この前)・42
コピー(copy)・200
コピーを する・200
こまる(困る)・99
ころぶ(転ぶ)・160
こわい・58
コンサート(concert)・152
こんな・37
コンビニ(convenience store)・21
〜ごうしつ(〜号室)・90
ごぞんじだ(ご存じだ)・212
ごちそうさまでした・161
ごちそうする・35
ごめんなさい・106
ごらんに なる(ご覧に なる)・211
ごろごろする・26

さ

さいきん(最近)・192
さいなん(災難)・34
さいふ(財布)・184
さきほど・209
さける(避ける)・74
さしあげる・174
〜させられる・200

〜させる・192
さそう(誘う)・186
サッカー(soccer)・136
さっそく・35
さとう(砂糖)・92
さべつ(差別)・145
サムゲタン・18
さら(皿)・67
サラダ(salad)・35
サンシャインビル(sunshine building)・211
ざいりょう(材料)・67

し

〜し、〜し・42
しあわせだ(幸せだ)・12
〜しか・60
しかる(叱る)・184
ししゃ(支社)・144
しちょう(市庁)・59
しっぱいする(失敗する)・18
しはらい(支払い)・59
しばらく・68
しばらくは・167
しめきり(締切)・167
しめる(閉める)・22
シャツ(shirts)・12
しゅうしょくする(就職する)・50
しゅくだい(宿題)・155
しゅみ(趣味)・108
しょうがくせい(小学生)・144
しょうしょう(少々)・166
しょうしん(昇進)・44
しょうせつ(小説)・52
しょうたいする(招待する)・66
しょうらいせい(将来性)・119
しょくご(食後)・75
しょくたく(食卓)・67

しょくよく(食欲)・44
しょくりょうひん(食料品)・26
しょっぱい・74
しりあい(知り合い)・152
しんさつけん(診察券)・75
しんじゅく(新宿)・121
しんにゅうせい(新入生)・90
じこ(事故)・34
じさ(時差)・107
じさぼけ(時差ぼけ)・107
じしょ(辞書)・107
じしょを ひく(辞書を 引く)・107
じしん(自信)・137
じつげんする(実現する)・137
じつは(実は)・119
じどうてき(自動的)・91
じぶん(自分)・201
ジャズ(jazz)・152
じゆうに(自由に)・83
じゅうようだ(重要だ)・200
じゅけんべんきょう(受験勉強)・53
じゅんびする(準備する)・11
じょうずに(上手に)・59
じょうぶだ(丈夫だ)・36
ジョギング(jogging)・109
じょせい(女性)・144
しらべる(調べる)・11

す

すえ(末)・169
スキー(ski)・60
すきやき・101
すぎる(過ぎる)・26
すくない(少ない)・119
スケート(skate)・60
すごい・145
すごす(過ごす)・106

すすむ(進む)・52, 167
すっかり・34
ステーキ(steak)・35
すてきだ・53
すべる(滑る)・100
すり・184
すると・11
ずいぶん・59

せ

せいかく(性格)・136
せいかつ(生活)・18
せいこうする(成功する)・11
せいせき(成績)・184
せかいじゅう(世界中)・188
せっきょくてきだ(積極的だ)・136
せつめいする(説明する)・155
せわ(世話)・50
せんざい(洗剤)・90
せんたくき(洗濯機)・91
せんたくもの(洗濯物)・91
せんぱい(先輩)・51
ぜんじどう(全自動)・91
ぜんぜん(全然)・35
ぜんぶ(全部)・67

そ

そうききょういく(早期教育)・192
〜そうだ・34
そうだんする(相談する)・118
〜そうです・166
そして・59
そつぎょうしき(卒業式)・50
それで・106
それなのに・201
ぞんじる(存じる)・212

た

たいいんする(退院する)・34
たいけんする(体験する)・137
(〜た) こと・18
たしかめる(確かめる)・83
たすかる(助かる)・66
たずねて くる(訪ねて くる)・42
たずねる(訪ねる)・42
ただ・11
たっきゅうびん(宅急便)・20
たのしみ(楽しみ)・107
〜た ばかりです・144
たぶん(多分)・11
〜た ほうが いいです(〜た 方 が いいです)・82
だめだ・11
〜ために・106
〜たり・26
たんご(単語)・107
ダイエット(diet)・107
だいがくいん(大学院)・52
だいぶ・42
だいまんぞく(大満足)・44
〜だけ・67
だして ある(出して ある)・67
だんじょ(男女)・145
だんだん・45

ち

ちか(地下)・119
ちから(力)・162
ちがう(違う)・201
チケット(ticket)・152
ちこく(遅刻)・42
チップ(tip)・154
ちゅういする(注意する)・160
ちゅうごくご(中国語)・139
ちゅうしゃじょう(駐車場)・121

ちゅうもんする(注文する)・35
チョコレート(chocolate)・156

つ

ついて いく・99
つうやく(通訳)・144
つかいかた(使い方)・90
つく(着く)・52
つく・99
つくりかた(作り方)・93
つける・93
つごう(都合)・203
つたえる(伝える)・50
つづける(続ける)・193
〜って・19
〜つもりだ・136
つよい(強い)・121

て

ていきゅうび(定休日)・100
ていし(停止)・91
〜て しまう・160
〜でしょうか・10
〜でしょうね・11
てつだいを する(手伝いを する)・76
てんいん(店員)・154
てんきんする(転勤する)・146
てんしょく(転職)・119
てんらんかい(展覧会)・186
デートする(dateする)・167
できる・58
できるだけ・107
〜で ございます・166
でる(出る)・91
テレホンカード(telephone card)・15
でんしランド(電子land)・58

と

〜と・90
〜と いう・145
とうきょうとない(東京都内)
　・155
とうちゃくする(到着する)・209
〜と おもう(〜と 思う)・10
ときどき(時々)・153
とくに(特に)・136
とくべつだ(特別だ)・193
〜ところです・118
とどける(届ける)・169
とまる(止まる)・91
とめる(止める)・91
トラベラーズ・チェック(traveler's
　check)・83
とりにく(鳥肉)・19
とる(取る)・175
どうしたんですか・160
どうぞ こちらへ・175
どくしん(独身)・27
どちらさま・166
どのくらい・128
どりょくする(努力する)・137

な

ナイフ(knife)・213
なおす(治す)・107
なおる(治る)・34
なかなか・59
なく(泣く)・185
なさる・212
なつ(夏)・94
なまもの(生物)・130
なりたくうこう(成田空港)・19
なる(鳴る)・29
なんでも(何でも)・128
なんでも ありません・160
なんと(何と)・128

なんとか(何とか)・167
なんめい(何名)・211

に

にがい(苦い)・101
にく(肉)・67
〜にくい・99
にゅういんする(入院する)・29
〜に よると・144
にんぎょう(人形)・188
にんにく・19

ぬ

ぬぐ(脱ぐ)・146
ぬける(抜ける)・91

ね

ねだん(値段)・35
ネックレス(necklace)・153
ネックレスを する・153
ねっしんだ(熱心だ)・76
ねぶそく(寝不足)・185
ねむい(眠い)・92
〜ねんせい(〜年生)・136
〜ねんど(〜年度)・174
ねんまつ(年末)・166

の

のうりょく(能力)・145
ノック(knock)・21
〜のに・160
のりかえる(乗り換える)・59

は

はいけんする(拝見する)・212
はこ(箱)・152
はしる(走る)・76
〜はず・99
はずかしい(恥ずかしい)・203

はつおん(発音)・128
はとバス・82
はなみず(鼻水)・93
はやい(速い)・27
はやめに(早めに)・83
はれる(晴れる)・10
ハワイ(Hawaii)・185
はんたいする(反対する)・145
はんにち(半日)・83
〜ばかり・35
バレンタインデー(Valentine's
　Day)・154

ひ

ひあたり(日当たり)・43
ひだりがわ(左側)・76
ひっこし(引っ越し)・66
ひっこしいわい(引っ越し祝い)
　・66
ひっこす(引っ越す)・42
ひみつ(秘密)・178
ひゃくえんだま(百円玉)・90
ひるねを する(昼寝を する)
　・26
ビデオカメラ(video camera)
　・82
びょういん(病院)・74
びょうき(病気)・146
ピアニスト(pianist)・193

ふ

ふくしゃちょう(副社長)・144
ふじビル・119
ふた・90
ふつう(普通)・201
ふとる(太る)・107
ふべんだ(不便だ)・13
ふむ(踏む)・187
フランスご(France語)・60

ふるい(古い)・174
ふんいき(雰囲気)・35
ブーム(boom)・192
ぶちょう(部長)・184
ぶちょうしつ(部長室)・184
ぶっか(物価)・99
ブラウス(blouse)・153
ブローチ(brooch)・154
ぶんか(文化)・137

へ

へえ・153
へんじ(返事)・106
ベテラン(veteran)・144
ベル(bell)・29

ほ

ほか・91
～ほかに・11
ほけんしょう(保険証)・75
～ほど・106
ほめる・186
ホンコン(Hong Kong)・144
ほんとうに(本当に)・50
ぼうえきがいしゃ(貿易会社)・51
ぼうねんかい(忘年会)・166
ぼこう(母校)・137
ボタン(button)・91

ま

まいる(参る)・212
まえは(前は)・131
まかせる(任せる)・201
まず・59
まだまだです・59
まど(窓)・22
まにあう(間に合う)・167
まもる(守る)・76
まよう(迷う)・175

み

みち(道)・76
みなさま(皆様)・52

む

むこう(向こう)・52
むりする(無理する)・74
むりだ(無理だ)・11
むりょう(無料)・92

め

め(目)・87
めいしょめぐり(名所めぐり)
　・83
めいわく(迷惑)・185
めしあがる(召し上がる)・211
メモ(memo)・70
めん(面)・99
めんせつする(面接する)・136

も

もうす(申す)・161
もしもし・118
もちごめ(もち米)・19
もちろん・152
もって いく(持って いく)
　・11
モデル(model)・174
もどる(戻る)・208
もらう・75
もんだい(問題)・36

や

やさしい(易しい)・45
やさしい(優しい)・153
～やすい・42
やせる・107
やちん(家賃)・43

やまのぼり(山登り)・10
やめる(止める)・59
やる・209
やわらかい(柔らかい)・35

ゆ

ゆうべ(昨夜)・153
ゆき(雪)・45
ゆっくり・84
ゆめ(夢)・137

よ

ようじ(用事)・129
～ようだ・91
～ようと おも(思)う・136
よかったですね・34
よそ・192
よばれる(呼ばれる)・185
よぶ(呼ぶ)・185
よみかた(読み方)・93
よやくする(予約する)・68
よる(寄る)・27
よろしい・213
よろしく おつた(お伝)えくださ
　い・167
よろしく つた(伝)えて くださ
　い・51
よろしく おねが(お願)いします
　・161

ら

らくだ(楽だ)・12
ラケット(racket)・154
～らしい・145

り

リムジンバス(limousine bus)
　・19
りゆう(理由)・145

りょうがえする(両替する)・177
りょうしゅうしょ(領収書)・211
りようする(利用する)・82
りょうり(料理)・18

る

ルール(rule)・76
るすばんでんわ(留守番電話)
・59

れ

れいぞうこ(冷蔵庫)・67
れきし(歴史)・137
れきしがく(歴史学)・137
れんしゅうする(練習する)・58
れんしゅうすれば(練習すれば)
・58
れんらくする(連絡する)・210

ろ

ろせんず(路線図)・58
ロンドン(London)・106
ろんぶん(論文)・167

わ

ワイン(wine)・35
わざわざ・177
わすれる(忘れる)・68
わたす(渡す)・178
わりびきけん(割引券)・154

▶ 감수자

今井幹夫(이마이 미키오)
언어학자, (전)일본 도쿄 센다가야일본어교육연구소 소장
일본어를 비교언어학적으로 비교·분석·체계화시킨
Scientific Direct Method의 창안자
저서: 『Comprehensive Japanese: わかる日本語』

▶ 공저자

三木寿々恵(미키 스즈에)
日本女子大学 졸업
日本 国書刊行会／国書日本語学校 강사

佐藤丈夫(사토 다케오)
日本 早稲田大学·미국 UCLA大学院석사과정 수료
日本 国書刊行会／国書日本語学校 이사장

中原理沙(나카하라 리사)
日本 志學館大学 졸업
中国 瀋陽大学 일본어 전임강사

박정희
日本 東京外国語大学 日本語学科 졸업
일본어 전임강사

송미혜
日本 東京外国語大学 日本語学科 졸업
(전)시사일본어사 편집부장 겸 출판감독

▶ 일러스트　　김영랑·**八幡恵美子**(야하타 에미코)

NEW **TOP** JAPANESE 2

초판발행	1995년 1월 27일
1차개정판 발행	2003년 6월 30일
2차개정판 12쇄	2022년 3월 20일

저자　三木寿々恵・佐藤丈夫・中原理沙・박정희・송미혜
책임 편집　조은형, 무라야마 토시오, 박현숙, 김성은, 손영은
펴낸이　엄태상
마케팅　이승욱, 왕성석, 노원준, 조인선, 조성민
경영기획　마정인, 조성근, 최성훈, 김다미, 오희연
물류　정종진, 윤덕현, 양희은, 신승진

펴낸곳　시사일본어사(시사북스)
주소　서울시 종로구 자하문로 300 시사빌딩
주문 및 교재 문의　1588-1582
팩스　0502-989-9592
홈페이지　www.sisabooks.com
이메일　book_japanese@sisadream.com
등록일자　1977년 12월 24일
등록번호　제300 - 1977 - 31호

ISBN 978-89-402-9078-1 18730
978-89-402-0635-5 18730 [set]